THE SACRED HARP
1991 EDITION

Jo Puma
Wild Choir Music

36 traditional "Sacred Harp" arrangements
with new secular lyrics and clear shape-notes

"Jo Puma - Wild Choir Music"
36 traditional "Sacred Harp" arrangements
with new secular lyrics for our diverse society

by Secretary Michael

ISBN: 978-1-888712-33-9

TABLE OF CONTENTS

This book is dedicated to the generations of Sacred Harp singers who have kept this exciting music alive for centuries. Although it was necessary to make changes to your beloved songs, the changes were made carefully and respectfully so that our richly diverse society might be able to share in the joyful music that you've passed down to us.

- Secretary Michael

JO PUMA SONGS

1. As We Gather Our Sweet Harvest (*Return Again #335*)
2. The Book (*Fairfield #29*)
3. Bumper Cars (*New Jerusalem #299*)
4. Celebrate the End of Night (*Present Joys #318*)
5. Choo-Choo, Chugga-Chugga (*Warrenton #145*)
6. Come Pull, Pull, Pull (*Confidence #270*)
7. Communication is the Answer (*Coronation #63*)
8. Each Journey Starts with Just One Step (*Exhortation #171*)
9. Elder Tree (*Corinth #32*)
10. Everybody Has a Song (*Ninety-Fifth #36*)
11. A Farmer Planted (*Primrose #47*)
12. I Give My Voice (*Pleyel's Hymn #143*)
13. I Know the Prisoner (*I'm Going Home #282*)
14. I Saw My Child (*Panting for Heaven #384*)
15. I Work For Peace (*Cowper #168*)
16. Job To Do (*Hallelujah #146*)
17. Labor and Neighbor (*Antioch #277*)
18. Lifted High (*St. Thomas #34*)
19. Losers' Parade (*Murillo's Lesson #358*)
20. Making Circles (*Canaan's Land #101*)
21. May My Journey (*Amsterdam #84*)
22. Parents Gone (*Wondrous Love #159*)
23. Reducing Pain and Suffering (*Africa #178*)
24. Rise and Shine (*Holy Manna #59*)
25. Shattered Dreams (*Consecration #448*)
26. So Count Me In (*Northfield #155*)
27. Story of the Sea (*Ortonville #68*)
28. Strong Teachers (*Calvary #300*)
29. This Long, Long, Long Strange Trip (*China #163*)
30. Tick-Tock (*Stratfield #142*)
31. Tiger (*Sacred Throne #569*)
32. Up or Down? (*Last Words of Copernicus #112*)
33. We Keep Our Equanimity (*Schenectady #192*)
34. We May Be Lost (*Bridgewater#276*)
35. We Talk and Listen (*Lenox #40*)
36. Work of Art (*Gospel Trumpet #99*)

(In parentheses after each Jo Puma title is the corresponding Sacred Harp title and number.)

Sacred Harp: An Original American Music

A couple centuries ago, long before radios and record players, an unusual-sounding style of music was being sung in our new country. It was sung mostly in churches. It was sung without any instruments. People loved to sing this strange music. They would get together, divide into 4 different sections, and then sing-out their parts with full-throated, joyful abandon. They weren't interested in giving concerts or in performing for an audience. It was more of a social activity – like square-dancing was in the secular world.

The music sounded unusual (at least to modern ears) because it didn't follow the same rules of harmony that the music from Europe was following. Today it sounds a bit unpolished, raw and wild. But back then the people loved it that way. They had cultivated their own sense of beauty.

As time passed, new kinds of music came into the country. With it came new instruments like the marvelous pianos. Eventually electricity and record players arrived. The old music was no longer fashionable. Parents no longer taught it to their children. With hardly anybody singing it anymore, the old music almost disappeared.

This old wild music that the early settlers so loved is called "Sacred Harp" music. Fortunately for us, there were some singers who kept it alive over the generations. Today there seems to be a renewed interest in Sacred Harp singing. Indeed with Jo Puma it seems to be coming back with a roar!

The Changes that Jo Puma Made

Jo Puma is the Sacred Harp's practical city-cousin. The music still sounds the same as it did back then (raw and rambunctious). It's still sung the same way too (with 4 groups facing each other and without instrumentation). However there are a few differences between Sacred Harp and Jo Puma music:

- New Lyrics: The beloved words to most Sacred Harp songs come from Christian worship. Since Jo Puma songs serve a different purpose and are intended for our richly diverse public schools, the creation of new inclusive lyrics was necessary.

- Legible Shape-Notes: This type of music is traditionally written with 4 different "shape-notes". Both Jo Puma and Sacred Harp use shape-notes. As you'll soon discover, these shape-notes make the singer's job easier. But there's a slight difference between the Jo Puma and the Sacred Harp shape-notes. Both systems use triangles, squares and diamonds as noteheads. But for the 4th shape, Sacred Harp uses the common "oval" notehead while Jo Puma uses an "x-shaped" notehead. Why? Because it's easier to read. With Sacred Harp music, it's sometimes difficult to differentiate between the "square" and the "oval" notes. The old letterpress machines back then had limitations. But modern computer-generated notation allows for the creation of "easier-to-identify" shape-notes (like the Jo Puma "x").

- Non-Conflicting Solfege Syllables: Sacred Harp singers traditionally learn a song by singing the names of the shape-notes before singing the actual lyrics. Each of the four shape-notes has its own name. Sacred Harp singers use the solfege syllables "Fa, So, La, Mi". These are four of the same syllables that modern students learn and use for solfege. However in the Sacred Harp system, these four syllables are used in a different way that clashes with the modern system. In a sense, a singer must unlearn one system before learning the other. To avoid this conflict, Secretary Michael created the Jo Puma syllables ("Jo, Pu, Ma, Bee"). They are vocally pure, easier to learn, and don't create confusion for students learning conventional solfege.

Sacred Harp's religious lyrics, it's illegible shape-notes, and it's nonstandard use of common solfege syllables are the barriers that have kept these songs out of modern public classrooms. The purpose of Jo Puma is to remove these barriers so that this extraordinary music can once again be a part of our lives.

Learning the Music

When people hear Jo Puma songs for the first time, they probably think the music is very complicated. It sounds like some kind of big machine with lots of moving parts. Indeed it is a big machine with lots of moving parts and indeed it does sound complicated. However the individual parts are not difficult.

It's not necessary to learn the shape-notes in order to learn the music - but it's part of the experience. Besides, generations of Sacred Harp singers will tell you that learning the shape-notes will make it easier to learn this type of music. And they can prove it!.

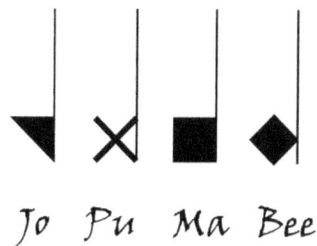

Jo   Pu   Ma   Bee

Among shape-note singers, there's a very strong tradition to "sing the shapes" before singing the words to a song. So "Step One" in learning Jo Puma music is to learn the names of the 4 shapes. It's not too hard. Here are some mnemonic aids to help make memorizing the shapes easier:

Jo: The triangle note "Jo" kind of looks like the letter "J" (at least it does when the stem is going up).

Pu: This is the "x" note that Jo Puma introduced. Just think "No Poo Allowed!"

Ma: Imagine the square note "Ma" as a house – and Ma is inside!

Bee: For the diamond note "Bee" think of a bee hive that is diamond-shaped, or that has a diamond-shaped entrance hole. (Although it is spelled "Bee" in this book, the spelling "Bi" is equally acceptable.) Since Jo Puma music often has a pentatonic flavor to it, and since "Bee" represents the leading tone (which does not occur in the Pentatonic scale), you'll notice that these diamond notes are not very common in songs written in major keys. In fact some songs don't have any at all!

Notice in the following illustration how the "x" note looks when used as a whole or half note, as compared to its appearance when used as a quarter or eighth note.

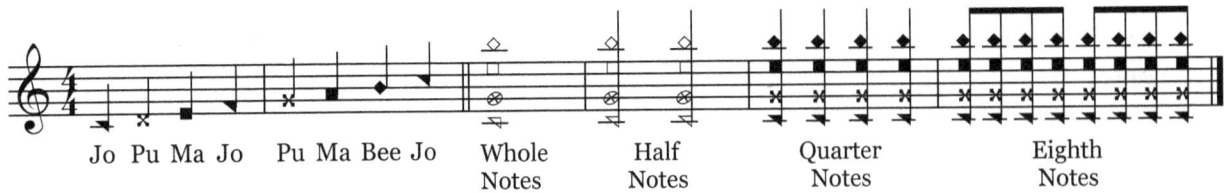

Jo Pu Ma Jo   Pu Ma Bee Jo   Whole Notes   Half Notes   Quarter Notes   Eighth Notes

Singing up the scale is easy. Just think "Jo Puma - Jo Puma - Be Jo"
Singing down the scale is not too bad either because "Ma-Pu-Jo" sounds like "My Peugeot" (a French car).

The songs in this book all have the "Jo-Pu-Ma" syllable names spelled-out beneath the notes. This is usually never done. We did it in hopes that it would help make learning the shape names easier; however it may very well have the opposite effect. So use with discretion.

The "Singings"

When people get together to sing this type of music, they usually divide into 4 groups: treble, alto, tenor and bass. The main melody is usually found in the tenor part. The treble and tenor sections contain a mix of both men and women, each singing in their own octaves. So although the music is written in 4-part harmony, it does have a little touch of 6-part harmony.

The chairs are arranged so that the 4 groups face each other, with a "hollow square" in the middle:

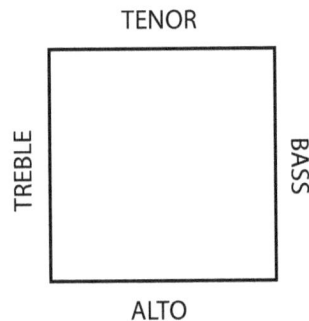

A song begins when somebody decides to lead a song. (By the way, this type of singing is wonderfully egalitarian. Lots of different people take turns leading – even children.) The leader steps into the hollow square (usually facing the tenors), chooses a song for the group to sing, and then gives the pitch. All the sections then "tune-up" for a few seconds as everybody finds their beginning pitch (on the tonic triad). Once the singing begins, the leader keeps time by moving his or her arm up and down. (The singers often move their arms too, mirroring the leader.)

It seems that most leaders pretty-much ignore the key that the music is printed in and just pick a key that feels most comfortable. We took a survey of Sacred Harp recordings to find the favorite keys that experienced groups choose. The songs in this book have been transposed to these more practical keys. We've noted this fact on each song so you can change it back to its original key if you so desire.

These 36 Songs

None of the 36 songs in this book contain newly-composed music. That's one of the features that makes these particular Jo Puma songs so special. Each song is taken directly from the Sacred Harp book (1991 edition). Secretary Michael has carefully crafted rich new lyrics to fit on top of the old music without changing a single note. As explained earlier, most of the songs have been transposed to a more comfortable key and the "oval" shape-notes have been replaced with "x" shape-notes to improve readability. But the music itself has not been changed – not even a whisker! Anybody who learns these Jo Puma songs will be able to sing their Sacred Harp counterparts with no problems (and vice-versa).

The 36 songs in this book were originally published a dozen at a time in three separate volumes. This current book is a compilation of those three volumes. Except for some explanatory text and a few renamed titles, no changes were made.

Invitation to Compose New Jo Puma Music

Although the musical notes in this book stay true to the original Sacred Harp music, there's no reason that new Jo Puma music can't be composed. Indeed if you have cultivated an ear for this kind of harmony, you're invited to compose fresh, entirely new Jo Puma music. You might even find it strangely liberating to compose in this style because you must purposely violate so many traditional part-writing rules. The music uses parallel fifths and octaves, incomplete and second-inversion triads, open fourths and fifths, and often a pentatonic scale. Why? Probably to make it easier and more fun to sing. Remember that this is not meant to be concert music. It is *participatory* music. Its joy is in the *doing*.

Other Material

A wealth of information about Sacred Harp books, recordings, activities, singing schools and camps may be found at www.fasola.org. A wonderful free audio library of hundreds of Sacred Harp songs (including all the original songs on which the Jo Puma series is based) can be found at: www.bostonsing.org. YouTube also provides a treasure of Sacred Harp "singings".

Also available from Secretary Michael is the popular "Secular Hymnal" (in both unison/guitar and SATB versions). It contains 144 Secular Hymns that have been lovingly crafted from familiar traditional hymns. As with all works from this former public school music teacher and lifelong peace activist, the Secular Hymns have been put into the public domain. They are also available for free internet download: www.secularhymnal.com.

Jo Puma's Photo on the Cover

A "puma" is a large cat, also known as a cougar, panther or mountain lion. In the cover photo, Jo is dressed in concert attire (which, by the way, neither Jo Puma singers nor Sacred Harp singers would have much use for because the singings are usually very casual). And of course Jo is reverently cradling the famous Sacred Harp book, without which Jo would not even exist!

1. As We Gather Our Sweet Harvest

(Jo Puma song based on Sacred Harp song #335 "Return Again" - originally in F-Major)

Words: Secretary Michael

Music: William L. Williams, 1850

♩=84

Treble (M&F)

Ma Ma Pu Pu Jo Pu Pu Ma Jo Pu Pu Pu Ma Pu Pu Ma

1. As we ga - ther our sweet har - vest, as we proud - ly sing and shout,
2. As we ga - ther our sweet har - vest, may we just take what we need.

Alto

Pu Pu Jo Jo Ma Ma Pu Jo Ma Jo Jo Ma Jo Pu Pu Ma

Tenor (M&F) Melody

Jo Jo Ma Ma Jo Jo Pu Jo Ma Jo Jo Ma Pu Jo Jo Jo

1. As we ga - ther our sweet har - vest, as we proud - ly sing and shout,
2. As we ga - ther our sweet har - vest, may we just take what we need.

Bass

Jo Jo Jo Jo Jo Pu Pu Ma Jo Ma Ma Jo Jo Pu Pu Jo

7

Treble

Ma Ma Pu Pu Jo Pu Pu Ma Jo Pu Pu Pu Ma Pu Pu Ma

Let us not for - get our neigh - bors, those who plan - tings did not sprout.
There are o - thers in the sha - dows who have helped us to suc - ceed.

Alto

Pu Pu Jo Jo Ma Ma Pu Jo Ma Jo Jo Ma Jo Pu Pu Ma

Tenor

Jo Jo Ma Ma Jo Jo Pu Jo Ma Jo Jo Ma Pu Jo Jo Jo

Let us not for - get our neigh - bors, those whose plan - tings did not sprout.
There are o - thers in the sha - dows who have helped us to suc - ceed.

Bass

Jo Jo Jo Jo Jo Pu Pu Ma Jo Ma Ma Jo Jo Pu Pu Jo

13

Ma Ma Jo Pu Pu   Ma Pu Ma Pu   Pu Ma Ma Jo Pu Pu   Jo Jo Jo
Those whose skies re - fused to sun - shine, those whose clouds re - fused to rain.
There are___ o - thers who have helped us grow the___ things that we have grown.

Jo Jo Pu Ma Pu   Jo Pu Ma Pu   Jo Ma Ma Pu Jo Pu   Ma Ma Jo

Pu Ma Bee Jo Bee   Ma Pu Ma Pu   Ma Pu Ma Bee Jo Bee   Ma Pu Ma
Those whose skies re - fused to sun - shine, those whose clouds re - fused to rain.
There are___ o - thers who have helped us grow the___ things that we have grown.

Jo Ma Bee Jo Pu   Ma Jo Ma Jo   Jo Jo Ma Bee Jo Pu   Ma Jo Ma

19

Pu Jo Jo Jo Pu Pu   Pu Ma Jo   Pu Pu Pu   Ma Pu Pu Pu/Ma
Let us share some of our har - vest, our sweet fruit and gol - den grain.
No-one's plan - ting is their plan - ting, no one's har - vest is their own.

Jo Ma Pu Ma Pu Pu   Pu Ma Jo   Ma Ma Jo   Jo Pu Pu Pu

Jo Ma Pu Ma Jo Jo   Pu Jo Ma   Jo Jo Ma   Pu Jo Jo Jo
Let us share some of our har - vest, our sweet fruit and gol - den grain.
No one's plan - ting is their plan - ting, no one's har - vest is their own.

Jo Ma Jo Jo Pu Pu   Pu Ma Jo   Ma Ma Jo   Jo Pu Pu Jo

Eb Major: Jo Pu Ma Jo Pu Ma Bee Jo

2. The Book

(Jo Puma song based on Sacred Harp song #29 "Fairfield" - originally in A-minor)

Words: Secretary Michael

Music: Hitchcock

♩=58

Treble (M&F)
Ma Jo Ma Ma Pu Jo Jo Bee Ma Bee Jo Jo Pu ma Ma Jo

Alto
Ma Ma Ma Pu Pu Ma Ma Ma Ma Ma Ma Pu Pu Ma

Tenor (M&F) Melody
Ma Jo Ma Ma Pu Ma Ma Bee Jo Pu Ma Ma Pu Jo Bee

1. The book it starts the way it___ starts and ends the___ way it
2. The book it is a book of___chance, a book we___ can't a -
3. Al - though the book's been writ - ten,___ it is bet - ter___ we pre -

Bass
Ma Ma Jo Bee Pu Ma Ma Ma Ma Ma Ma Jo Pu Ma

5

Treble
Ma Ma Pu Jo Jo Jo Ma Bee Bee Bee Jo Pu Ma Ma Ma Pu Ma Jo

Alto
Ma Ma Ma Ma Ma Jo Bee Ma Pu Pu Ma Ma Ma Ma Ma Ma

Tenor
Ma Jo Ma Ma Ma Jo Pu Pu Pu Bee Jo Jo Jo Bee Ma Jo Bee Ma

ends. The mid - dle chap - ters are too short so let us all___ con - tend: there
mend. The pa - ges all are num - bered and the num - bers all___ will___ end, so
tend to write our - selves a hap - py part with laugh - ter and___ with___ friends, a

Bass
Ma Ma Ma Ma Ma Pu Pu Pu Pu Ma Ma Ma Ma Ma Ma

1.   2.

Ma Ma Ma Jo   Pu Pu Pu Jo Pu Ma Ma Pu Jo Bee Ma   Ma Pu   Ma

Ma Pu Ma Pu   Pu Pu Pu Ma   Ma Pu Jo Ma Ma   Ma   Ma   Ma

Ma Jo Ma Jo   Pu Bee Pu Ma   Bee Jo Bee Ma Pu Ma   Jo   Ma

are no vil - lians   in our book and   all of___ us are friends. The   friends.
let us just ig - nore the book and   sail in - to the wind. The   wind.
ve - ry, ve - ry   hap - py part cuz   we know how it ends. Let's   ends.

Ma Ma Ma Pu Ma   Pu Pu Pu Ma   Ma Pu   Ma Ma   Ma   Ma   Ma

G minor: Ma Bee Jo Pu Ma Jo Pu Ma

3. Bumper Cars

(Jo Puma song based on Sacred Harp song #299 "New Jerusalem" - originally in F-Major)

Words: Secretary Michael

Music: Jeremiah Ingalls, 1796

Treble (M&F):
Ma Jo Pu Ma Jo Pu Jo Ma Pu Pu Pu Ma Pu Jo Pu Ma Jo Pu

Alto:
Pu Pu Pu Ma Bee Jo Ma Bee Bee Jo Bee Ma Jo Pu

Tenor (M&F) Melody:
Jo Ma Pu Jo Pu Ma Jo Pu Pu Jo Pu Ma Jo Pu

1. In this great car - ni - val of ours, we're all in bum - per cars.
2. The steer-ing wheels they all are fakes, and none of them have brakes.

Bass:
Jo Jo Bee Ma Pu Jo Pu Pu Pu Jo Bee Ma Ma Pu Pu
We
We

6

Treble:
Ma Pu Pu Pu Ma Pu Pu Pu Jo Pu_____
We bump bump bump bump bump with no con - trol,_____
We bump bump bump as we pre-tend to drive,_____

Pu Jo Jo Jo Jo
We bump bump bump bump
We bump bump bump bump

Tenor:
Ma Pu Pu Pu Ma Pu Pu Pu Jo Pu_____
We bump bump bump bump bump with no con - trol,_____
We bump bump bump as we pre - tend to drive,_____

Pu
but
to

Bass:
Jo Jo Jo Ma Pu Pu Pu Ma Pu_____
bump bump-bump bump bump with no con - trol,_____
bump bump bump as we pre - tend to drive,_____

Pu Jo Jo Jo
but we don't know.
to stay a - live.

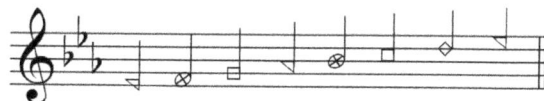

11

Pu Ma Ma Ma———— Ma Ma Ma Jo Jo Ma Pu Pu Ma Pu
but we don't know.———— We bump-bump-bump-bump e - v'ry - where. No
to stay a - live.———— Bump-bump-bump-bump from side to side. No

Pu Pu Pu Pu Jo———————— Jo Jo Pu Pu Pu Pu
bump but we don't know.———————— Bump e - ver - y where. No
bump to stay a - live.———————— Bump-bump-bump to side. No

Ma Ma Ma Pu Jo Pu Jo Pu Ma Bee Jo Bee
we don't know. We bump-bump there and e - v'ry - where. No
stay a - live. We bump-bump-bump from side to side. No

Ma Ma Ma Ma Jo Jo Jo Jo Jo Jo Pu Pu Pu Jo Pu
We bump bump here and bump bump there and bump bump e - v'ry - where. No
We bump bump-bump from front to back, we bump from side to side. No

16

Jo Ma Jo Pu Ma Ma Jo Pu Jo Ma Pu Jo Pu Pu Ma Ma
mat - ter what we want, we bump - bump-bump-bump - bump. bump.
place to run or hide, so let's———— en - joy the ride. ride.

Jo Jo Pu Bee Jo Jo Jo Bee Ma Ma Pu Pu Pu Pu
mat - ter what we want, we bump - bump-bump-bump - bump. bump.
place to run or hide, so let's———— en - joy the ride. ride.

Ma Pu Jo Jo Pu Pu Ma Bee Jo Jo Ma Pu Jo Jo
mat - ter what we want, we bump - bump-bump-bump - bump. bump.
place to run or hide, so let's———— en - joy the ride. ride.

Jo Ma Pu Pu Jo Jo Jo Pu Ma Jo Pu Pu Jo Pu Jo
mat - ter what we want, we bump - bump-bump-bump - bump. We bump.
place to run or hide, so let's———— en - joy the ride. We ride.

Eb Major: Jo Pu Ma Jo Pu Ma Bee Jo

4. Celebrate the End of Night

(Jo Puma song based on Sacred Harp song #318 "Present Joys" - originally in F-Major)

Words: Secretary Michael

Music: A.M. Cagle, 1908

Treble (M&F): Jo Pu Pu Pu Pu Ma Ma Pu Pu Jo Ma Jo Pu Pu Pu Ma

Alto: Ma Ma Ma Jo Jo Jo Jo Pu Ma Ma Jo Pu Ma Ma Pu Jo

Tenor (M&F) Melody: Pu Jo Jo Pu Pu Ma Ma Bee Jo Pu Jo Pu Ma Pu Jo Ma

1. We face our dark-ness, do what's right. We ce - le - brate___
2. The past is past, the fu-ture bright. We ce - le - brate___
3. For - e - ver may we share the light. We ce - le - brate___

Bass: Jo Jo Jo Ma Ma Jo Jo Pu Jo Pu Ma Bee Jo Jo Ma Pu

(measure 6)

Treble: Jo Ma Pu Pu Pu ... Ma Jo Pu Pu Pu Pu

We___ face our dark-ness,
The___ past is past, the
For - e - ver may we

Alto: Ma Ma Jo Pu Ma ... Jo Ma Ma Ma Ma Jo Jo Ma___

We face our dark-ness, do what's right.___
The past is past, the fu-ture bright.___
For - e - ver may we share the light.___

Tenor: Pu Jo Ma Pu Jo ... Jo Ma Ma Ma Jo Pu Pu Pu Ma Pu Jo Ma

___ the end of night. We face our dark-ness, do what's right._____ We
___ the end of night. The past is past, the fu-ture bright._____ We
___ the end of night. For - e - ver may we share the light._____ We

Bass: Jo Jo Pu Pu Jo Pu Jo Jo Jo Jo Pu Pu Jo___ Pu Jo Jo Pu Pu

We face our dark-ness, do what's right. We ce-le-brate the
The past is past, the fu-ture bright.___ We ce-le-brate the
For - e - ver may we share the light.___ We ce-le-brate the

12

Soprano — *Ma Jo Pu____ Pu Jo Jo Pu Pu Ma Ma Pu Pu Ma Ma Pu Ma Jo Jo*
- do what's right.____ We face our dark-ness, do what's right and so we ce - le-
- fu-ture bright.____ The past is past, the fu-ture bright, and so we ce - le-
- share the light.____ For-e-ver may we share the light, and may we ce - le-

Alto — *Bee Pu Pu Jo Jo Ma Ma Jo Jo Ma Ma Pu Jo Ma Pu*
- ____ We face our dark-ness, do what's right and so we ce - le-
- ____ The past is past, the fu-ture bright, and so we ce - le-
- ____ For-e-ver may we share the light, and may we ce - le-

Tenor — *Jo Jo Ma Jo Ma Pu Pu   Ma Jo Pu Pu Jo Ma Pu Ma*
- ce - le-brate the end of night. And_ so we ce - le-
- ce - le-brate the end of night. And_ so we ce - le-
- ce - le-brate the end of night. And_ may we ce - le-

Bass — *Jo Pu Jo____ Pu Jo Jo Pu Ma Jo Jo*
- end of night.____ And so we ce - le-
- end of night.____ And so we ce - le-
- end of night.____ And may we ce - le-

18

Soprano — *Ma Pu Ma Pu Jo Pu Ma Ma Pu Jo Pu Pu Pu Pu* **1. | 2.**
- brate____ the end, we ce - le-brate the end of night. | night.

Alto — *Ma Pu Jo Bee Jo Bee Jo Jo Ma Ma Jo Pu Ma Ma*
- brate____ the end, we ce - le-brate the end of night. | night.

Tenor — *Jo Ma Pu Ma Pu Pu Ma Ma Pu Jo Ma Pu Jo Jo*
- brate____ the end, we ce - le-brate the end of night. | night.

Bass — *Ma Pu Jo Pu Jo Bee/Pu Jo Jo Ma Jo Pu Pu Jo Pu Jo*
- brate____ the end, we ce - le-brate the end of night. | night.
  - We night.
  - The night.
  - For night.

E Major: Jo Pu Ma Jo Pu Ma Bee Jo

5. Choo-Choo, Chugga-Chugga

(Jo Puma song based on Sacred Harp song #145 "Warrenton" - originally in G-Major)

Words: Secretary Michael

Music: J.Williams & William Walker, 1835

Treble (M&F) lyrics:
Jo Jo Pu Ma Pu Jo Jo Ma Pu Jo Pu Pu Pu Ma Pu Ma Ma Pu Pu
1. Free-dom is our de-sti-na-tion. Choo-Choo Chug-ga Chug here we come!
2. All a-board our world-wide col-lege. Choo-Choo Chug-ga Chug here we come!

Alto lyrics:
Ma Ma Ma Ma Pu Jo Jo Pu Pu Ma Ma Ma Jo Pu Jo Pu Ma

Tenor (M&F) Melody lyrics:
Pu Pu Pu Pu Ma Bee Jo Ma Ma Pu Pu Jo Jo Pu Ma Ma Pu Ma Pu Jo
1. Free-dom is our de-sti-na-tion. Choo-Choo Chug-ga Chug-ga here we come!
2. All a-board our world-wide col-lege. Choo-Choo Chug-ga Chug-ga here we come!

Bass lyrics:
Jo Jo Jo Jo Ma Pu Jo Ma Pu Pu Jo Jo Jo Bee Ma Pu Ma Pu Jo

9

Treble lyrics:
Jo Jo Pu Ma Pu Jo Jo Ma Pu Jo Pu Pu Pu Ma Pu Ma Ma Pu Pu Ma Pu
Safe and o-pen e-du-ca-tion. Choo-Choo Chug-ga Chug here we come! Like a
E-qual ac-cess to all know-ledge. Choo-Choo Chug-ga Chug here we come! Like a

Alto lyrics:
Ma Ma Ma Ma Pu Jo Jo Pu Pu Ma Ma Ma Jo Pu Jo Pu Ma Jo Pu
Like a

Tenor lyrics:
Pu Pu Pu Pu Ma Bee Jo Ma Ma Pu Pu Jo Jo Pu Ma Ma Pu Ma Pu Jo Ma Pu
Safe and o-pen e-du-ca-tion. Choo-Choo Chug-ga Chug-ga here we come! Like a
E-qual ac-cess to all know-ledge. Choo-Choo Chug-ga Chug-ga here we come! Like a

Bass lyrics:
Jo Jo Jo Jo Ma Pu Jo Ma Pu Pu Jo Jo Jo Bee Ma Pu Ma Pu Jo Jo Bee
Like a

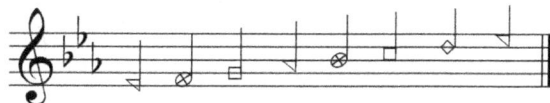

Jo Jo Ma Pu Pu Ma Pu Ma Ma Pu Ma Jo Jo Pu Pu Ma Pu Ma Ma Pu Pu Ma Pu
train, we are rol-lin' out to e - ve-ry___ sta - tion. Choo-Choo Chug-ga-Chug here we come! We're the

Ma Mu Jo Bee Bee Jo Jo Jo Pu Jo Jo Ma Ma Ma Ma Ma Jo Jo Pu Ma Jo Pu
train, we are rol-lin' out to e - ve-ry___ sta - tion. Choo-Choo Chug Chug here we come! We're the

Jo Jo Ma Pu Pu Jo Ma Ma Pu Jo Ma Pu Pu Jo Jo Pu Ma Ma Pu Ma Pu Jo Ma Pu
train, we are rol-lin' out to e - ve-ry___ sta - tion. Choo-Choo Chug-ga Chug-ga here we come! We're the

Ma Ma Jo Pu Pu Ma Jo Pu Pu Jo Ma Jo Jo Jo Jo Jo Bee Ma Pu Ma Pu Jo Jo Bee
train, we are rol-lin' out to e - ve-ry___ sta - tion. Choo-Choo Chug-ga Chug-ga here we come! We're the

Jo Jo Ma Pu Pu Ma Pu Ma Ma Pu Ma Jo Jo Pu Pu Ma Pu Ma Ma Pu Pu
stu-dents and tea-chers of___ each and e-v'ry na - tion. Choo-Choo Chug-ga Chug here we come!

Ma Ma Jo Bee Bee Jo Jo Jo Pu Jo Jo Ma Ma Ma Ma Ma Jo Jo Pu Ma
stu-dents and tea-chers of___ each and e-v'ry na - tion. Choo-Choo Chug Chug here we come!

Jo Jo Ma Pu Pu Jo Ma Ma Pu Jo Ma Pu Pu Jo Jo Pu Ma Ma Pu Ma Pu Jo
stu-dents and tea-chers of___ each and e-v'ry na - tion. Choo-Choo Chug-ga Chug-ga here we come!

Ma Ma Jo Pu Pu Ma Jo Pu Pu Jo Ma Jo Jo Jo Jo Jo Bee Ma Pu Ma Pu Jo
stu-dents and tea-chers of___ each and e-v'ry na - tion. Choo-Choo Chug-ga Chug-ga here we come!

Eb Major: Jo Pu Ma Jo Pu Ma Bee Jo

6. Come Pull, Pull, Pull

(Jo Puma song based on Sacred Harp song #270 "Confidence" - originally in A-Major)

Words: Secretary Michael

Music: J.R.Turner, 1850

20

Ma   Ma   Ma Ma Ma Pu Jo Ma Pu Pu Pu   Ma   Ma Pu Jo   Pu Jo Pu Ma Ma Ma
slow.   Come   Pull, Pull, Pull_ for_ those who won't,   for   we_ can   see what_   o-thers don't.
all.   Come...

Pu   Jo   Jo Jo Ma Jo Jo Ma Jo Jo Bee   Jo   Jo Pu Jo   Jo Bee Pu Pu Pu
slow.   Come   Pull, Pull, Pull_ for_ those who won't,   for   we   can   see what_   o-thers don't.

Jo   Pu   Pu Pu Jo Pu Ma Jo Pu Pu Pu   Pu   Ma Pu Ma   Pu Ma Pu Jo Jo Jo
slow.   Come   Pull, Pull, Pull_ for_ those who won't,   for   we_ can   see what_   o-thers don't.
all.   Come...

Jo   Jo   Jo Jo Jo   Jo Ma Pu Pu Pu   Jo   Ma Pu Jo   Jo Jo Pu Jo Jo Jo
slow.   Come   Pull, Pull, Pull   for_ those who won't,   for   we_ can   see what_   o-thers don't.

31

Jo   Pu Pu Pu Ma Pu Jo Jo Ma Pu   Ma Pu Jo Jo Pu Pu   Jo Pu   Ma
Come   Pull, Pull, Pull for - e - ver_ Pull.   We_ leave this world more   free and   full.

Jo   Pu Pu Bee Pu Bee Jo Jo Pu Bee   Jo Bee Jo Jo   Pu Pu   Pu Ma Pu Pu
Come   Pull, Pull, Pull for - e - ver_ Pull.   We_ leave this world more   free and_ full.

Ma   Jo Jo Pu Jo Pu Ma Pu Ma Pu   Ma Pu Ma Ma   Jo Ma Jo Pu Ma Bee   Jo
Come   Pull, Pull, Pull for - e - ver_ Pull.   We_ leave this world more   free and_ full.

Pu   Pu Pu Pu Ma Pu Jo Jo Ma Pu   Ma Pu Jo Jo   Jo Jo Ma Pu Ma Pu   Jo
Come   Pull, Pull, Pull for - e - ver_ Pull.   We_ leave this world more   free and_ full.

G Major: Jo Pu Ma Jo Pu Ma Bee Jo

7. Communication is the Answer

(Jo Puma song based on Sacred Harp song #63 "Coronation" - original key)

Words: Secretary Michael

Music: Oliver Holden, 1793

11

Soprano:
Ma Pu Pu Pu Pu Pu Pu Pu Ma Ma/Jo Pu/Jo Pu Pu Ma
har-dest pro-blems in the world, we'll solve them one_____ by one.

Alto:
Jo Jo Jo Jo Bee Bee Bee Jo Jo Ma Pu Pu Pu
har-dest pro-blems in the world, we'll solve them one by one.

Tenor:
Pu Ma Jo Ma Pu Jo Pu Ma Pu Jo Pu Jo Ma Jo Pu Pu Jo
har-dest pro-blems in___ the__ world, we'll solve them one_____ by one.

Bass:
Ma Ma Ma Jo Pu Pu Pu Jo Jo Jo Pu Pu Jo
har-dest pro-blems in the world, we'll solve them one by one.

Verse 2:
A lonely lobster asks for help, the helper shouts "*ja wohl!*" *(pronounced 'ya vole')*
(Yes I can help cuz 'lonely' is) a language that I know
Yes I can help cuz 'lonely' is a language that I know.

Verse 3:
An angry aardvark asks for help, the helper shouts "*ja wolh!*"
(Yes I can help cuz 'angry' is) a language that I know
Yes I can help cuz 'angry' is a language that I know.

Verse 4:
A hopeless hamster asks for help, the helper shouts "*ja wohl!*"
(Yes I can help cuz 'hopeless' is) a language that I know
Yes I can help cuz 'hopeless' is a language that I know.

Verse 5:
Come lobsters, aardvarks, hamsters, humans, ev'ryone we know
(And learn the many languages) so all of us can grow
Communication is the answer, *ja, ja, ja, ja wohl!*

G Major: Jo Pu Ma Jo Pu Ma Bee Jo

8. Each Journey Starts with Just One Step

(Jo Puma song based on Sacred Harp song #171 "Exhortation" - originally in F-Major)

Words: Secretary Michael

Music: Hibbard, 1796

Treble (M&F)
Pu / Ma Pu Ma Jo Ma Pu / Pu / Ma Jo Pu Pu Pu / Bee
1. Each jour - ney starts with just one step, one
2. Each friend - ship starts with just one smile, one

Alto
Jo / Jo Pu Ma Pu / Pu / Bee / Jo Ma Pu Pu Ma / Pu

Tenor (M&F) Melody
Jo / Ma Pu Jo Pu / Ma Jo Pu Jo Ma Pu Jo / Pu
1. Each jour - ney starts with just one step, one
2. Each friend - ship starts with just one smile, one

Bass
Jo / Jo Pu Jo Pu / Pu / Pu / Jo Jo Pu Pu Jo / Pu

6

Treble
Jo Bee Ma Pu Jo Pu Ma Pu Pu / Pu
step, with just one step. / I
smile, with just one smile. / To

Alto
Jo Jo Jo Ma Pu Pu Ma
step, with just one step.
smile, with just one smile.

Tenor (Melody)
Ma Pu Jo Pu Ma Bee Jo Pu Ma Ma Ma Pu
step, with just one step. I start my jour-ney
smile, with just one smile. To find my friends, I

Bass
Jo Ma Pu Jo Ma Jo Ma Jo Pu Jo Pu Jo Jo Ma Pu Pu Pu Pu Jo Pu
step, with just one step. I start my jour-ney step - step - step and
smile, with just one smile. To find my friends, I smile-smile-smile, I'll

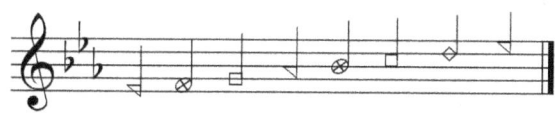

11

Ma Ma Ma Pu   Pu Pu Pu Ma   Jo Pu Ma Ma   Pu   Ma Bee Ma Bee
start my jour-ney step-step-step and I will get there yet,_____
find my friends, I smile-smile-smile, I'll find one in a while,_____

Pu   Ma Ma Ma Ma Pu   Jo Jo Jo Ma   Pu Pu   Pu Ma Jo
I start my jour-ney___ step-step-step and I will get there___
To find my friends, I___ smile-smile-smile, I'll find one in a___

Pu Pu Pu Ma   Jo Pu Ma Ma   Pu   Jo Ma Pu Ma Jo Pu Ma
step-step-step and I will get there yet. I___ start my___ jour-ney
smile-smile-smile, I'll find one in a while. To___ find my___friends, I

Ma Jo Pu Pu   Jo_____   Pu   Pu Pu Pu Jo
I will get there yet._____ I start my jour-ney
find one in a while._____ To find my friends, I

15

1.

2.

Jo   Pu Jo Ma Pu Ma   Pu Pu   Pu
— and I will___ get there yet. yet.
— I'll find one___ in a while. while.

Ma Pu Jo Pu Ma   Pu Jo Jo Jo Pu/Bee Ma/Jo   Ma/Jo
yet,_____ and I will get there yet. yet.
while,_____ I'll find one in a while. while.

Pu Pu Pu Ma   Jo Pu   Jo Ma Pu Jo   Jo
step-step-step and I will get___ there yet. yet.
smile-smile-smile, I'll find one in___ a while. while.

Jo Jo Jo Jo Ma Jo Jo Pu Jo Pu Jo
step-step-step and I will get there yet. I yet.
smile-smile-smile, I'll find one in a while. To while.

Eb Major: Jo Pu Ma Jo Pu Ma Bee Jo

9. Elder Tree

(Jo Puma song based on Sacred Harp song #32 "Corinth" - originally in G-Major)

Words: Secretary Michael

Music Arr: John Massengale, 1844

Treble (M&F)

1. When I am trou - bled, there's a place where I can find tran - qui - li -
2. Oh El - der Tree, my fa - mi - ly, my me - mo - ry, my de - sti -

Pu Ma Pu Pu Pu Ma Pu Ma Jo Ma Ma Pu Pu Ma Pu

Alto

Ma Jo Pu Ma Ma Jo Bee Jo Ma Jo Jo Jo Bee Jo Pu

Tenor (M&F) Melody

1. When I am trou - bled there's a place where I can find tran - qui - li -
2. Oh El - der Tree, my fa - mi - ly, my me - mo - ry, my de - sti -

Jo Ma Pu Jo Jo Ma Pu Pu Pu Pu Ma Pu Ma Pu Jo Ma

Bass

Jo Ma Pu Pu Pu Ma Pu Jo Jo Ma Pu Ma Pu Ma Pu

7

ty. I tra - vel home - ward like a lone bird, home-ward to my El - der
ny. Oh El - der Tree please lift and show me who it is that I should

Pu Pu Ma Ma Pu Jo Ma Pu Pu Jo/Ma Pu Ma Jo Ma Pu Pu

Ma Pu Jo Jo Ma Jo Jo Pu Ma Ma Ma Ma Jo Jo Pu Jo Pu

ty. I tra - vel home - ward like a lone bird, home-ward to my El - der
ny. Oh El - der Tree please lift and show me who it is that I should

Pu Pu Ma Pu Pu Pu Jo Ma Pu Jo Pu Pu Jo Ma Pu Jo Ma Pu

Jo Pu Jo Jo Pu Jo Ma Pu Jo Pu Jo Ma/Jo Jo Jo Jo Pu

13

Pu Pu Ma Ma Pu Jo Ma Pu Pu Jo/Ma Pu Ma Jo Ma Pu Pu Pu
Tree. I tra-vel home - ward like a lone bird, home-ward to my El - der Tree.
be. Oh El - der Tree please lift and show me who it is that I should be.

Ma Pu Jo Jo Ma Jo Jo Pu Ma Ma Ma Ma Jo Jo Pu Jo Pu Ma

Jo Pu Ma Pu Pu Pu Jo Ma Pu Jo Pu Pu Jo Ma Pu Jo Ma Pu Jo
Tree. I____ tra-vel home - ward like_ a lone bird, home-ward to my El - der Tree.
be. Oh____ El - der Tree please lift_ and show me who it is that I should be.

Jo Pu Jo Jo Pu Jo Ma Pu Jo Pu Jo Ma/Jo Jo Jo Jo Pu Jo

F Major: Jo Pu Ma Jo Pu Ma Bee Jo

10. Everybody Has a Song

(Jo Puma song based on Sacred Harp song #36 "Ninety-Fifth" - originally in A-Major)

Words: Secretary Michael

Music: Patterson's Church Music, 1813

Treble (M&F): Ma Ma Pu Jo Pu Jo Pu Ma Pu Ma Pu Jo Pu Pu

Alto: Pu Pu Pu Jo Bee Ma Pu Pu Pu Pu Bee Jo Ma Bee

Tenor (M&F) Melody: Jo Jo Pu Ma Jo Ma Pu Jo Pu Ma Jo Pu Jo Pu

Hear, hear the old man in the street. Hear, hear his sound so sweet.
Hear, hear the wo-man all a - lone. Hear, hear her love - ly tone.
Hear, hear the hung-ry re - fu - gees. Hear, hear their me - lo - dies.

Bass: Jo Jo Bee Jo Ma Ma Pu Jo Pu Jo Bee Jo Pu Pu Pu
For

8

Treble: Ma Pu Pu Pu Jo Ma Pu Pu Pu
For e - v'ry-bo - dy has a song. So

Alto: Pu Jo Jo Pu Bee Ma Pu Pu Pu Pu
For e - v'ry-bo - dy___ has a song. So

Tenor: Jo Ma Ma Ma Ma Pu Pu Pu Ma Jo Pu Jo Pu Pu
For e - v'ry-bo - dy has a song, they have a song. So

Bass: Jo Jo Jo Pu Ma Ma Ma Jo Pu Pu Pu Bee Jo Pu Pu Pu
e - v'ry-bo - dy has a song they hope some-one will sing a - long. So

11. A Farmer Planted

(Jo Puma song based on Sacred Harp song #47 "Primrose" - original key)

Words: Secretary Michael

Music: Amzi Chapin, 1812

Lyrics under Tenor (M&F) Melody staff, first system:

1. A far - mer plan - ted long a - go
2. A far - mer plan - ted long a - go
3. A far - mer plan - ted long a - go
4. A far - mer plan - ted long a - go

Lyrics under Tenor staff, second system (measure 5):

some BUL - LETS in a row. But this was not
some DIA-MONDS in a row. But this was not
some BIG WORDS in a row. But this was not
HIM - SELF in - to a row. The ve - ry best

Pu Ma Pu Pu Pu Ma Pu Jo Jo Ma

Pu Pu Ma Pu Pu Jo Pu Ma Pu Pu

Pu Ma Jo Ma Pu Pu Jo Pu Ma Pu Jo

good____ seed to sow, and good things did not grow.
good____ seed to sow, and good things did not grow.
good____ seed to sow, and good things did not grow.
that____ he could sow, and good things they still grow.

Pu Jo Pu Pu Pu Jo Pu Jo/Ma Pu Jo

Verse 1:
A farmer planted long ago some BULLETS in a row
But this was not good seed to sow, and good things did not grow.

Verse 2:
A farmer planted long ago some DIAMONDS in a row
But this was not good seed to sow, and good things did not grow.

Verse 3:
A farmer planted long ago some BIG WORDS in a row
But this was not good seed to sow, and good things did not grow.

Verse 4:
A farmer planted long ago HIMSELF into a row
The very best that he could sow, and good things they still grow.

A Major: Jo Pu Ma Jo Pu Ma Bee Jo

12. I Give My Voice

(Jo Puma song based on Sacred Harp song #143 "Pleyel's Hymn" - originally in F-Major)

Words: Secretary Michael

Music: Ignaz Joseph Pleyel

♩=92

Treble (M&F)

Pu Pu Pu Pu Pu Ma Ma Pu Pu Pu Pu Pu Jo Ma Jo Pu Pu

1. Com - mu - ni - ca - tion is a skill that helps us to__ sur - vive. The
2. To share our words, to share our thoughts, the mu - sic of__ our__ minds. The

Alto

Ma Ma Ma Ma Jo Pu Pu Bee Bee Jo Bee Jo Pu Ma Jo Bee Ma

Tenor (M&F) Melody

Pu Pu Jo Pu Ma Jo Jo Pu Pu Jo Pu Ma Jo Pu Ma Pu Pu

1. Com - mu - ni - ca - tion is a skill that helps us to__ sur - vive. The
2. To share our words, to share our thoughts, the mu - sic of__ our__ minds. The

Bass

Jo Jo Jo Jo Jo Jo Jo Pu Pu Jo Pu Jo Jo Pu Jo

9

Pu Pu Pu Pu Ma Ma Pu Bee Jo Ma Pu Jo Ma

joy of be - ing un - der - stood en - ri - ches all our lives.
ma - ny words that we should lose, the ma - ny we should find.

Ma Ma Ma Jo Pu Pu Bee Pu Jo Ma Jo Ma Jo Pu Jo Bee Jo Bee Bee Jo

Pu Jo Pu Ma Jo Jo Pu Jo Ma Pu Jo Jo Ma Jo Ma Pu Jo Pu Pu Ma

joy of be - ing un - der - stood en - ri - ches__ all our lives. There're those whose
ma - ny words that we should lose, the ma - ny__ we should find. There're those whose

Softly

Jo Jo Jo Jo Jo Jo Jo Pu Pu Jo Jo Pu Pu Jo Pu Pu Pu

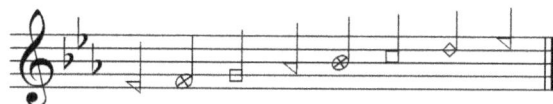

Softly — **Loudly**

Jo Jo Jo
But mine is
But mine are

Pu Jo Ma Ma Ma Jo Bee Jo Pu Pu Ma Jo Ma Ma Ma Ma

Jo Ma Pu Ma Jo Ma Pu Ma Jo Jo Pu Ma Pu Pu Jo Pu
voice is weak or frail, whose mes - sage can't come____ through. But mine is
words get jum - bled up, won't do what they should____ do. But mine are

Pu Bee Jo Jo Jo Jo Pu Pu Pu Bee Jo Jo Jo Jo

24

Jo Jo Ma Ma Bee Pu Jo Ma Pu Jo Ma **1.** Ma **2.**
strong and mine is clear, I give my voice to you. you.
straight and mine are true, I give my words to you. you.

3 *3*
Jo Ma Pu Pu Bee Pu Jo Ma Jo Ma Jo Pu Jo Bee Jo Bee Jo

3 *3*
Ma Pu Jo Jo Pu Jo Ma Pu Jo Jo Ma Jo Ma Pu Jo Pu Jo
strong and mine is clear, I give____ my____ voice to you. There're you.
straight and mine are true, I give____ my____ words to you. There're you.

Jo Jo Pu Pu Pu Bee Jo Jo Pu Pu Jo Pu Jo

Eb Major: Jo Pu Ma Jo Pu Ma Bee Jo

13. I Know the Prisoner

(Jo Puma song based on Sacred Harp song #282 "I'm Going Home" - originally in F-Major)

Words: Secretary Michael

Music: Leonard P. Breedlove, 1850

♩=76

Treble (M&F)

Pu Ma Ma Ma Pu Jo Jo Pu Pu Ma Ma Ma Jo Pu Pu
1. I know the pris-'ner know the guards, I know the vic-tims, see their
2. I know the Cath-'lics, know the Jews, the a-the-ists I know them

Alto

Ma Jo Jo Jo Jo Ma Ma Jo Ma Jo Jo Jo Ma Ma Ma
1. I know the pris-'ner know the guards, I know the vic-tims, see their
2. I know the Cath-'lics, know the Jews, the a-the-ists, I know them

Tenor (M&F) Melody

Jo Pu Pu Pu Ma Pu Pu Ma Pu Ma Ma Ma Pu Jo Jo
1. I know the pris-'ner know the guards, I know the vic-tims, see their
2. I know the Cath-'lics, know the Jews, the a-the-ists I know them

Bass

Jo Jo Jo Jo Pu Jo Jo Ma Pu Jo Jo Jo Pu Jo Jo
1. I know the pris-'ner know the guards, I know the vic-tims, see their
2. I know the Cath-'lics, know the Jews, the a-the-ists I know them

9

Treble

Pu Ma Pu Ma Jo Jo Pu Pu Pu Pu Ma Ma Ma Pu Jo Jo Pu Pu
cards. They are me, dealt a dif-frent hand. I know the far-mer, know the wheat. I
too. They are me, dealt a dif-frent hand. I see no e-vil, see no good, I

Alto

Jo Jo Pu Pu Ma Ma Jo Pu Ma Ma Jo Jo Jo Jo Ma Ma Jo Ma
cards. They are me, dealt a dif-frent hand. I know the far-mer, know the wheat. I
too. They are me, dealt a dif-frent hand. I see no e-vil, see no good, I

Tenor

Ma Ma Pu Ma Pu Pu Ma Pu Jo Jo Pu Pu Pu Ma Pu Pu Ma Pu
cards. They are me, dealt a dif-frent hand. I know the far-mer, know the wheat. I
too. They are me, dealt a dif-frent hand. I see no e-vil, see no good, I

Bass

Pu Ma Pu Ma Jo Jo Pu Pu Jo Jo Jo Jo Jo Pu Jo Jo Ma Pu
cards. They are me, dealt a dif-frent hand. I know the far-mer, know the wheat. I
too. They are me, dealt a dif-frent hand. I see no e-vil, see no good, I

18

Ma Ma Ma Jo Pu Pu Pu Ma Pu Ma Jo Jo Pu Pu Pu Pu Jo
know the butch-er, know the meat. They are me, dealt a dif-frent hand. Me, you,
just see me the way I should. They are me, dealt a dif-frent hand.

Jo Jo Jo Ma Ma Ma Jo Jo Pu Pu Ma Ma Jo Pu Ma Ma Jo
know the butch-er, know the meat. They are me, dealt a dif-frent hand. Me, you,
just see me the way I should. They are me, dealt a dif-frent hand.

Ma Ma Ma Pu Jo Jo Ma Ma Pu Ma Pu Pu Ma Pu Jo Jo Ma
know the butch-er, know the meat. They are me, dealt a dif-frent hand. Me, you,
just see me the way I should. They are me, dealt a dif-frent hand.

Jo Jo Jo Pu Jo Jo Pu Ma Pu Ma Jo Jo Pu Pu Jo Jo Ma
know the butch-er, know the meat. They are me, dealt a dif-frent hand. Me, you,
just see me the way I should. They are me, dealt a dif-frent hand.

27

Ma Ma Jo Pu Ma Pu Pu Ma Jo Pu Jo Ma Ma Ma Pu Ma Jo Jo Pu Pu Pu
you and me what a peace-ful world to see I am you, you are me, dealt a dif-frent hand.

Ma Ma Ma Pu Pu Jo Jo Ma Ma Pu Jo Ma Ma Jo Jo Pu Ma Ma Jo Pu Ma
you and me what a peace-ful world to see I am you, you are me, dealt a dif-frent hand.

Jo Jo Pu Pu Ma Jo Jo Ma Pu Pu Ma Jo Jo Ma Pu Ma Pu Pu Ma Pu Jo
you and me what a peace-ful world to see I am you, you are me, dealt a dif-frent hand.

Jo Jo Pu Pu Ma Jo Jo Ma Jo Pu Ma Jo Jo Ma Pu Ma Jo Jo Pu Pu Jo
you and me what a peace-ful world to see I am you, you are me, dealt a dif-frent hand.

D Major: Jo Pu Ma Jo Pu Ma Bee Jo

14. I Saw My Child

(Jo Puma song based on Sacred Harp song #384 "Panting for Heaven" - originally in Eb Major)

Words: Secretary Michael

Music: S.M. Brown, 1869

Treble (M&F)

Pu Jo Jo Jo Pu Pu Ma Pu   Pu Jo Pu Jo Jo Pu Bee
1. I saw my child the o - ther day, Hand-cuffed and be - ing led a -
2. I saw my child out - side a shop, O - ver - weight with a so - da
3. I saw my child in dis - tant land, Bel - ly swol - len with gun in

Alto

Ma Jo Jo Ma Jo Pu Jo Bee   Jo Ma Pu Jo Jo Pu Jo

Tenor (M&F) Melody

Pu Ma Ma Pu Ma Pu Jo Pu   Ma Pu Jo Ma Ma Pu Jo
1. I saw my child the o - ther day, Hand-cuffed and be - ing led a
2. I saw my child out - side a shop, O - ver - weight with a so - da
3. I saw my child in dis - tant land, Bel - ly swol - len with gun in

Bass

Jo Jo Jo Jo Jo Pu Ma Pu   Jo Jo Jo Jo Jo Pu Bee

9

Jo Jo Ma Jo Jo Pu Pu Ma Jo   Jo Pu Pu Pu Pu Bee Bee Pu
way From the court-room off to the jail to be with the o - thers I failed.
pop, Bag of chips and marsh-mal-low pie. What kind of a par - ent am I?
hand. Ar - mies of my daugh-ters and sons. Oh what in the world have I done?

Ma Jo Jo Ma Ma Pu Pu Jo Ma   Ma Pu Pu Pu Pu Jo Jo Ma

Pu Ma Ma Pu Pu Jo Jo Ma Pu   Pu Jo Jo Jo Bee Pu Pu Jo
way From the court room off to the jail to be with the o - thers I failed.
pop, Bag of chips and marsh-mal-low pie. What kind of a pa - rent am I?
hand. Ar - mies of my daugh-ters and sons. Oh what in the world have I done?

Jo Jo Jo Jo Jo Pu Pu Pu Jo Jo Ma Ma Ma Pu Pu Pu Jo

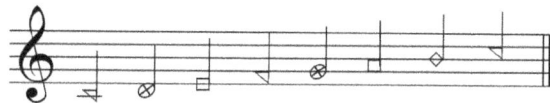

18

Pu Jo Jo Ma Jo Pu Ma Jo Jo Pu Ma Ma
It goes for you and goes for me. All chil-dren must

Jo Ma Ma Jo Ma Ma Pu Ma Jo Pu Pu Jo Ma Ma Pu Ma Ma
It goes for you and goes for me. All chil-dren must

Pu Jo Jo Ma Jo Ma Pu Jo Pu Ma Pu Pu Jo Ma Ma
It goes for you and goes for me. All chil-dren must

Pu Jo Jo Ma Jo Pu Ma Jo Jo Pu Pu Ma Jo Jo Jo Ma Ma
It goes for you and goes for me. All chil-dren must

29

Pu Pu Ma Jo Pu Ma Pu Ma Jo Jo Ma Pu Jo Pu Ma Pu Jo Jo Pu Ma
have fa-mi - ly. All chil-dren must have fa-mi - ly. All chil-dren must have fa-mi - ly.

Pu Jo Pu Ma Pu Pu Pu Jo Ma Jo Jo Pu Ma Pu Pu Pu Ma Jo Pu Ma
have fa-mi - ly. All chil-dren must have fa-mi - ly. All chil-dren must have fa-mi - ly.

Jo Pu Jo Pu Jo Ma Jo Ma Pu Ma Jo Pu Pu Jo Ma Jo Pu Ma Bee Jo
have fa-mi - ly. All chil-dren must have fa-mi - ly. All chil-dren must have fa-mi - ly.

Jo Pu Ma Jo Jo Jo Pu Ma Jo Ma Jo Pu Jo Jo Ma Jo Jo Ma Pu Jo
have fa-mi - ly. All chil-dren must have fa-mi - ly. All chil-dren must have fa-mi - ly.

C Major: Jo Pu Ma Jo Pu Ma Bee Jo

15. I Work for Peace

(Jo Puma song based on Sacred Harp song #168 "Cowper" - originally in G-minor)

Words: Secretary Michael

Music: Oliver Holden, 1803

Treble (M&F):
Ma / Ma Ma Jo Jo / Jo Bee Jo Pu / Ma Ma Jo Jo / Ma Ma Ma
1. Peace is a job we all can do by go and mee-ting some-one new.
2. I go and meet who I know least, and this is how I work for peace.

Alto:
Ma / Ma Ma Pu Pu / Jo Ma Ma / Jo Ma Ma Ma Ma / Pu Pu Ma

Tenor (M&F) Melody:
Ma / Jo Jo Ma Ma / Ma Pu Ma Bee / Jo Ma Pu Jo / Bee Bee Ma
1. Peace is a job we all can do by go and mee-ting some-one new.
2. I go and meet who I know least, and this is how I work for peace.

Bass:
Ma / Ma Ma Jo Jo / Ma Ma Ma / Pu Ma Ma Ma Ma / Ma Ma Ma Jo
I
I

6

Treble:
Ma / Pu Ma Jo Jo / Ma Pu Jo Pu / Ma / Ma
I work for peace, that's what____ I do. by
I go and meet who I____ know least. I

Alto:
Ma / Pu Pu Pu Pu / Pu Pu Pu
I work for peace that's what I do.
I go and meet who I know least.

Tenor:
Jo / Pu Jo Bee Ma / Ma Ma Ma Ma / Jo Pu Ma Pu / Jo Jo Jo
I work for peace, that's what I do. I work for peace that's what I do.
I go and meet who I know least, and this is how I work for peace.

Bass:
Pu Jo Bee Ma / Pu Pu Pu Ma / Ma / Ma / Pu / Pu Jo Jo Jo Jo
work for peace, that's what I do. I work for peace, that's what I do by
go and meet who I know least. I go and meet who I know least. I

(PD) *All works by Secretary Michael have been placed in the*
Public Domain. They may be freely copied and performed.

11

Pu Ma Ma Ma Jo Bee Ma Ma Ma Jo Ma Ma Pu Pu Jo Jo
go and mee - ting some - one new. By go and mee - ting some - one new, I
go and meet who I know least. I go and meet who I know least, and

Ma Ma Ma Ma Ma Ma Ma Ma Ma
By go and mee - ting some - one new, I
I go and meet who I know least, and

Ma Pu Ma Ma Ma Jo Pu Ma Jo
By go and mee - ting some - one new, I
I go and meet who I know least, and

Jo Jo Ma Ma Ma Ma Ma Jo Jo Jo Ma Ma Jo Bee Ma Ma
go and mee - ting some - one new. By go and mee - ting some - one new, I
go and meet who I know least. I go and meet who I know least, and

15

|1.|2.|

Pu Pu Pu Ma Ma Ma Ma Ma
work for peace, that's what I do. do.
this is how I work for peace. peace.

Pu Pu Pu Pu Ma Pu Ma Ma
work for peace, that's what I do. do.
this is how I work for peace. peace.

Pu Pu Pu Ma Jo Bee Ma Ma
work for peace, that's what I do. do.
this is how I work for peace. peace.

Pu Pu Pu Jo Ma Ma Ma Jo Ma
work for peace, that's what I do. I do.
this is how I work for peace. I peace.

E minor: Ma Bee Jo Pu Ma Jo Pu Ma

16. Job To Do

(Jo Puma song based on Sacred Harp song #146 "Hallelujah" - original key)

Words: Secretary Michael

Music: William Walker, 1835

Treble (M&F)

Jo Ma Ma Ma Pu Ma Pu Ma Pu Ma Pu Jo Jo Ma Pu Jo Jo
1. The par-ty in-vi-ta-tions went_ to e-v'ry-one I know. But
2. For e-v'ry moun-tain that is climbed a per-son stays be-hind to

Alto

Pu Pu Pu Pu Ma Pu Pu Pu Pu Ma Pu Ma Ma Ma Pu Pu Pu
1. The par-ty in-vi-ta-tions went_ to e-v'ry-one I know. But
2. For e-v'ry moun-tain that is climbed a per-son stays be-hind to

Tenor (M&F) Melody

Pu Jo Jo Pu Ma Jo Pu Ma Pu Jo Ma Jo Jo Jo Pu Ma Pu Pu
1. The par-ty in-vi-ta-tions went_ to e-v'ry-one_ I know. But
2. For e-v'ry moun-tain that is climbed, a per-son stays_ be-hind to

Bass

Pu Jo Jo Jo Pu Ma Pu Ma Pu Ma Jo Ma Ma Ma Jo Pu Jo Pu
1. The par-ty in-vi-ta-tions went_ to e-v'ry-one_ I know. But
2. For e-v'ry moun-tain that is climbed a per-son stays_ be-hind to

Ma Ma Ma Pu Ma Pu Ma Pu Ma Pu Jo Jo Ma Pu Jo Jo
I have got_ a job to do,_ there's no way I can go. So
cook and clean_ and do the chores that let the o-thers shine. So

Pu Pu Pu Ma Pu Pu Pu Pu Ma Pu Ma Ma Ma Pu Pu Ma
I have got_ a job to do,_ there's no way I can go. So
cook and clean_ and do the chores that let the o-thers shine. So

Jo Jo Pu Ma Jo Pu Ma Pu Jo Ma Jo Jo Jo Pu Ma Pu Jo
I have got_ a job to do,_ there's no way I can go. So
cook and clean_ and do the chores that let the o-thers shine. So

Jo Jo Jo Pu Ma Pu Ma Pu Ma Jo Ma Ma Ma Jo Pu Jo Jo
I have got_ a job to do,_ there's no way I_ can go. So
cook and clean_ and do the chores that let the o-thers shine. So

10

Ma Pu Ma Pu Jo Pu   Ma Pu Ma Pu   Pu Pu Jo Pu   Ma Ma Pu_____   Jo Pu
cheers to you__ and you!   Cheers to you   and you__ and   e - v'ry one!_____   But I've

Ma Pu Ma Ma Pu   Ma Pu Jo Bee   Bee Bee Pu Ma   Ma Jo Bee_____   Pu Pu
cheers to you   and you!   Cheers to you   and you__ and   e - v'ry one!_____   But I've

Ma Pu Jo Pu Ma Pu   Ma Pu Jo Pu   Pu Pu Jo Ma   Jo Ma Pu_____   Pu Ma
cheers to you__ and you!   Cheers to you   and you__ and   e - v'ry one!_____   But I've

Ma Pu Jo Bee Ma Pu   Ma Bee Jo Pu   Pu Pu Ma Pu   Jo Ma Pu_____   Pu Ma
cheers to you__ and you!   Cheers to you   and you__ and   e - v'ry one!_____   But I've

15

Ma Ma Ma Pu Ma Pu   Ma Pu Ma Pu   Jo   Jo Ma   Pu   Jo   Jo
got a job,____ a job   to do,____ a job   that must   get done.   (So)

Pu Pu Pu Ma Pu Pu   Pu Ma Pu   Ma   Ma Ma   Pu   Pu   Ma
got a job,____ a job   to do,____ a job   that must   get done.   (So)

Jo Jo Pu Ma Jo Pu   Ma Pu Jo Ma   Jo   Jo Jo Pu   Ma Pu   (Jo)
got a job,____ a job   to do,____ a job   that must__ get done.   (So)

Jo Jo Jo Pu Ma Pu   Ma Pu Ma Jo   Ma   Ma Ma Jo   Pu Jo   Jo
got a job,____ a job   to do,____ a job   that must__ get done.   (So)

Ab Major: Jo Pu Ma Jo Pu Ma Bee Jo

17. Labor and Neighbor

(Jo Puma song based on Sacred Harp song #277 "Antioch" - originally in G-minor)

Words: Secretary Michael

Music: F.C.Wood, 1850

Treble (M&F): Ma Jo Pu Pu Pu Ma Jo Pu Ma Ma Ma Jo Pu Ma Ma Ma

Alto: Ma Pu Jo Jo Jo Jo Ma Pu Ma Ma Ma Pu Ma Pu Ma Ma

Tenor (M&F) Melody: Jo Pu Ma Ma Ma Jo Ma Pu Jo Ma Jo Ma Pu Jo Ma Ma

1. The___ cook who serves a___ plate of veal: Do I ho-nor la-bor?
2. The___ ca-shier at the___ me-ga mart: Do I ho-nor la-bor?
3. The___ mer-chant sel-ling___ thinga-ma-bobs. Do I ho-nor la-bor?

Bass: Ma Pu Ma Ma Ma Jo Ma Pu Ma Ma Ma Pu Pu Ma Ma Ma

Treble: Ma Jo Pu Pu Pu Ma Jo Pu Ma Ma Ma Jo Pu Ma Ma Ma

Alto: Ma Pu Jo Jo Jo Jo Ma Pu Ma Ma Ma Pu Ma Pu Ma Ma

Tenor: Jo Pu Ma Ma Ma Jo Ma Pu Jo Ma Jo Ma Pu Jo Ma Ma

The___ hung-ry who must___ skip a meal: Do I love my neigh-bor?
The___ home-less with a___ shop-ping cart: Do I love my neigh-bor?
The___ wor-kers who can___ find no jobs: Do I love my neigh-bor?

Bass: Ma Pu Ma Ma Ma Jo Ma Pu Ma Ma Ma Pu Pu Ma Ma Ma

11

Ma Pu Ma Ma Ma Pu Ma Pu Ma Ma Ma Pu Pu Ma Ma Ma Ma

Ma Pu Ma Ma Jo Jo Ma Bee Ma Ma Ma Pu Jo Bee Ma Ma Pu

Ma Jo Pu Pu Pu Ma Jo Pu Jo Ma Jo Pu Ma Pu Ma Ma Pu

The___ tea- cher wor- king___ day and night: Do I ho- nor la- bor? The
The___ tai - lor fits the___ la - test craze: Do I ho- nor la- bor? The
The___ nurse di- spen- ses___ me- di- cine, o -thers stay in- fec- ted. The

Ma Bee Jo Jo Jo Ma Jo Pu Ma Ma Ma Pu Ma Ma Ma Ma Ma

16

Ma Ma Pu Pu Ma Pu Pu Ma Ma Ma Jo Pu Ma Ma Ma

Ma Ma Pu Ma Jo Jo Pu Ma Ma Ma Ma Ma Ma Ma Ma

Ma Ma Pu Ma Jo Ma Pu Jo Ma Jo Ma Pu Jo Ma Ma

teen who__ can - not__ read or write: Do I love my neigh - bor?
gar - ment fac - t'ry__ full of slaves: Do I love my neigh - bor?
neigh - bor,__ la - bor__ are the same: E - v'ry-thing's con - nec - ted.

Ma Ma Pu Ma Ma Ma Pu Ma Ma Ma Pu Pu Ma Ma Ma

E minor: Ma Bee Jo Pu Ma Jo Pu Ma

18. Lifted High

(Jo Puma song based on Sacred Harp song #34 "St. Thomas" - originally in A-Major)

Words: Secretary Michael

Music: Aaron Williams, 1770

12

Pu Ma Pu Jo Jo Jo Jo Bee Jo
way up high so you can see the sky.
look - ing free please tell us what you see.
to the sky and all be lif - ted high.

Jo Jo Bee Jo Jo Jo Bee Ma Pu Pu Pu

Jo Ma Pu Pu Ma Pu Jo Ma Pu Jo
way up high so you can____ see the sky.
look - ing free please tell us____ what you see.
to the sky and all be____ lif - ted high.

Ma Jo Pu Ma Jo Ma Jo Pu Pu Jo

G Major: Jo Pu Ma Jo Pu Ma Bee Jo

19. Losers' Parade

(Jo Puma song based on Sacred Harp song #359 "Murillo's Lesson" - originally in Eb-Major)

Words: Secretary Michael

Music: Morelli

Treble (M&F):
Ma Jo Pu Pu Pu Pu Jo Bee Ma Pu Pu Pu Pu Ma Jo Ma Pu Jo Ma Pu Jo Pu Ma Jo

1a. For___ each great suc - cess___ there are ma - ny mis takes. What one___ mo - ment gives___ us, the
1b. Each___ dream like a min - now, each dream like a whale, if___ wor - thy to do,___ then it's

Alto:
Jo Pu Ma Ma Ma Ma Pu Pu Jo Jo Jo Jo Pu Ma Pu Jo Pu Ma Pu Jo Pu

Tenor (M&F) Melody:
Pu Ma Jo Jo Jo Jo Ma Pu Jo Ma Ma Ma Ma Pu Jo Ma Pu Jo Bee Ma Pu Jo Ma Pu

1a. For___ each great suc - cess___ there are ma - ny mis takes. What one___ mo - ment gives___ us, the
1b. Each___ dream like a min - now, each dream like a whale, if___ wor - thy to do,___ then it's

Bass:
Jo Jo Jo Jo Jo Pu Pu Jo Jo Jo Jo Pu Jo Pu Ma Jo Pu Pu Pu

(m. 8)

Treble:
Pu Pu Pu Pu Pu Ma Jo Jo Jo Jo Ma Pu Jo Ma Ma Ma Ma Ma Jo Pu Pu Pu

next mo - ment takes. To___ those who made air - planes that ne - ver took flight, made things that went
wor - thy to fail. We___ fail and we fail___ and we add to the pile. But___ fail - ing is

Alto:
Ma Ma Ma Ma Jo Pu Ma Ma Ma Ma Jo Pu Pu Jo Jo Jo Jo Ma Pu Jo Ma Ma Ma Jo

Tenor:
Jo Jo Jo Jo Ma Jo Pu Pu Pu Pu Jo Bee Ma Pu Pu Pu Pu Ma Jo Pu Ma Jo Ma

next mo - ment takes. To___ those who made air - planes that ne - ver took flight, made things that went
wor - thy to fail. We___ fail and we fail___ and we add to the pile. But___ fail - ing is

Bass:
Jo Jo Jo Jo Jo Pu Ma Ma Ma Ma Ma Pu Jo Ma Ma Ma Ma Ma Jo Pu Ma Jo Pu Jo

Pu Pu Pu Ma Jo Pu Jo Ma Jo Pu Jo Pu Ma Jo Ma Pu Ma Jo Ma Pu Pu Pu Pu Pu Jo Ma Ma Ma

wrong so that things could go right, who worked for the dawn but got lost in the night. We ho-nor the
good so there's rea-son to smile. Our los-ses en-ligh-ten us af-ter a while. We grow and we

Ma Jo Jo Jo Pu Pu Pu Pu Pu Jo Jo Jo Jo Mu Mu Jo Pu Pu Pu Pu Jo Pu Ma Ma Ma

Pu Ma Jo Ma Jo Pu Bee Pu Jo Pu Bee Pu Ma Jo Pu Jo Ma Jo Pu Jo Pu Pu Pu Pu Jo Ma Pu Jo Jo Jo

wrong so that things could go right, who worked for the dawn, but got lost in the night. We ho-nor the
good so there's rea-son to smile. Our los-ses en-ligh-ten us af-ter a while. We grow and we

Ma Jo Pu Jo Pu Pu Pu Pu Pu Jo Jo Jo Jo Jo Jo Pu Pu Pu Pu Pu Ma Jo Jo Jo

Ma Pu Jo Ma Pu Pu Pu Pu Ma Jo Pu Jo Ma Pu Jo Pu Ma Jo Pu Pu Pu Pu

work and the ef-fort you made. We sing and we march in the Lo-sers' Par-ade.
grow from the er-rors we made. We sing and we march in the Lo-sers' Par-ade.

Ma Pu Pu Jo Jo Jo Jo Jo Ma Pu Jo Pu Ma Pu Jo Pu Ma Ma Ma Ma

Jo Ma Pu Jo Ma Ma Ma Ma Pu Jo Ma Pu Jo Bee Ma Pu Jo Ma Pu Jo Jo Jo Jo

work and the ef-fort you made. We sing and we march in the Lo-sers' Par-ade.
grow from the er-rors we made. We sing and we march in the Lo-sers' Par-ade.

Jo Pu Pu Jo Jo Jo Jo Pu Jo Pu Ma Jo Pu Pu Pu Jo Jo Jo Jo

D Major: Jo Pu Ma Jo Pu Ma Bee Jo

20. Making Circles

(Jo Puma song based on Sacred Harp song #101 "Canaan's Land" - originally in A-Major)

Words: Secretary Michael

Music Arr: E.J. King, 1844

Treble (M&F):
Pu/Jo Ma Ma Jo Ma Pu Ma Pu Jo Ma Ma Jo Pu Ma

Alto:
Pu Pu Ma Jo Ma Pu Ma Pu Pu Pu Ma Ma Pu Pu

Tenor (M&F) Melody:
Ma Ma Jo Jo Ma Pu Jo Pu Ma Pu Ma Ma Jo Ma Pu Jo

1a. When pre - ju - dice sneaks in - to__ life, how - e - ver large or small,
1b. It's good to grab a piece of__ chalk and then be - gin to draw.

Bass:
Jo Jo Ma Ma Jo Pu Ma Pu Jo Jo Ma Ma Pu Jo

6

Treble:
Pu Ma Jo Ma Ma Jo Ma Pu Pu Jo Ma Jo Ma Pu

Alto:
Pu Pu Ma Pu Pu Ma Pu Pu Pu Jo Pu Pu Jo Bee

Tenor:
Jo Jo Ma Pu Pu Ma Pu Jo Jo Ma Pu Pu Ma Jo Pu

We're ma - king cir - cles, ma - king cir - cles, may they ne - ver__ end,
We're ma - king cir - cles, ma - king cir - cles, cir - cles far and__ wide,

Bass:
Jo Jo Ma Jo Jo Ma Pu Pu Pu Ma Pu Jo Ma Pu

11

Jo Ma Ma Jo Ma Pu Ma Pu Jo Ma Ma Jo Pu Ma

Pu Pu Ma Jo Ma Pu Pu Jo Bee Ma Ma Jo Jo Pu Pu

Ma Ma Jo Jo Ma Pu Jo Pu Ma Pu Ma Ma Jo Ma Pu Jo
each big - ger than the one___ be - fore, our ra - di - us of friends.
each big - ger than the one___ be - fore, so all can fit in - side.

Jo Jo Ma Ma Jo Pu Ma Pu Jo Jo Ma Ma Pu Jo

Verse 1:
When prejudice sneaks into life
However large or small
It's good to grab a piece of chalk
And then begin to draw (CHORUS)

Verse 2:
When bothered by what people do
The way they act or talk
The way they never notice us
It's time to use our chalk (CHORUS)

Verse 3:
When bothered by how people look
Their hair or clothing styles
Their sex or size or age or weight
Oh we could draw for miles! (CHORUS)

CHORUS:
We're making circles, making circles,
May they never end
Each bigger than the one before
Our radius of friends.
We're making circles, making circles
Circles far and wide
Each bigger than the one before
So all can fit inside

G Major: Jo Pu Ma Jo Pu Ma Bee Jo

21. May My Journey

(Jo Puma song based on Sacred Harp song #84 "Amsterdam" - originally in G-Major)

Words: Secretary Michael

Music: Foundery Collection, 1742

Treble (M&F) — *Ma Pu Jo Pu Pu Pu Pu Pu Jo Pu Pu Pu Pu*
1. May my jour - ney o - pen me to e - v'ry - one I meet.
2. May my jour - ney show me there is no one I de - spise.

Alto — *Pu Pu Ma Bee Jo Bee Jo Jo Jo Jo Bee Jo Bee*

Tenor (M&F) Melody — *Jo Pu Jo Pu Ma Pu Ma Jo Pu Ma Pu Jo Ma Pu*
1. May my jour - ney o - pen me___ to e - v'ry - one I meet.
2. May my jour - ney show me there___ is no one I de - spise.

Bass — *Jo Bee Ma Pu Jo Pu Jo Pu Ma Jo Ma Pu Jo Pu*

8

Treble — *Ma Pu Jo Pu Pu Pu Pu Pu Jo Pu Pu Pu Pu*
May I tra - vel not to win but grow from my de - feat.
May my jour - ney teach me to be to - le - rant and wise.

Alto — *Pu Pu Ma Bee Jo Bee Jo Jo Jo Jo Bee Jo Bee*

Tenor — *Jo Pu Jo Pu Ma Pu Ma Jo Pu Ma Pu Jo Ma Pu*
May I tra - vel not to win___ but grow from my de - feat.
May my jour - ney teach me to___ be to - le - rant and wise.

Bass — *Jo Bee Ma Pu Jo Pu Jo Pu Ma Jo Ma Pu Jo Pu*

15

Pu Ma Pu Pu Ma Pu Pu Jo Ma Pu   Ma Pu Ma Jo Ma   Pu Jo Pu Ma
Walk in___ one door___ as I___ be,   out a - no - ther dif - fren -

Ma Jo Ma Ma Jo Ma Ma Pu Jo Pu   Jo Bee Jo Pu Jo   Bee Ma Bee Jo
Walk in___ one door___ as I___ be,   out a - no - ther dif - fren -

22

Pu   Jo Pu Ma Pu Pu Pu Pu   Pu Jo Pu Ma Pu Pu Jo Ma
-tly.   May my jour - ney be my guide and change my___ de - sti - ny.

Ma Pu Ma Bee Jo Bee Jo   Jo Jo Jo Pu Jo Bee   Jo
May my jour - ney be my guide and change my___ de - sti - ny.

Jo Pu Jo Pu Ma Pu Ma Jo Pu   Ma Pu Jo Ma Pu   Jo
May my jour - ney be my guide_ and change my___ de - sti - ny.

Bee   Jo Bee Ma Pu Jo Pu Jo Pu Ma   Jo Ma Jo Pu Pu   Jo
-tly.   May my jour - ney be my guide_ and change my___ de - sti - ny.

F Major: Jo Pu Ma Jo Pu Ma Bee Jo

22. Parents Gone

(Jo Puma song based on Sacred Harp song #159 "Wondrous Love" - originally in F-minor)

Words: Secretary Michael

Music: James Christopher, 1840

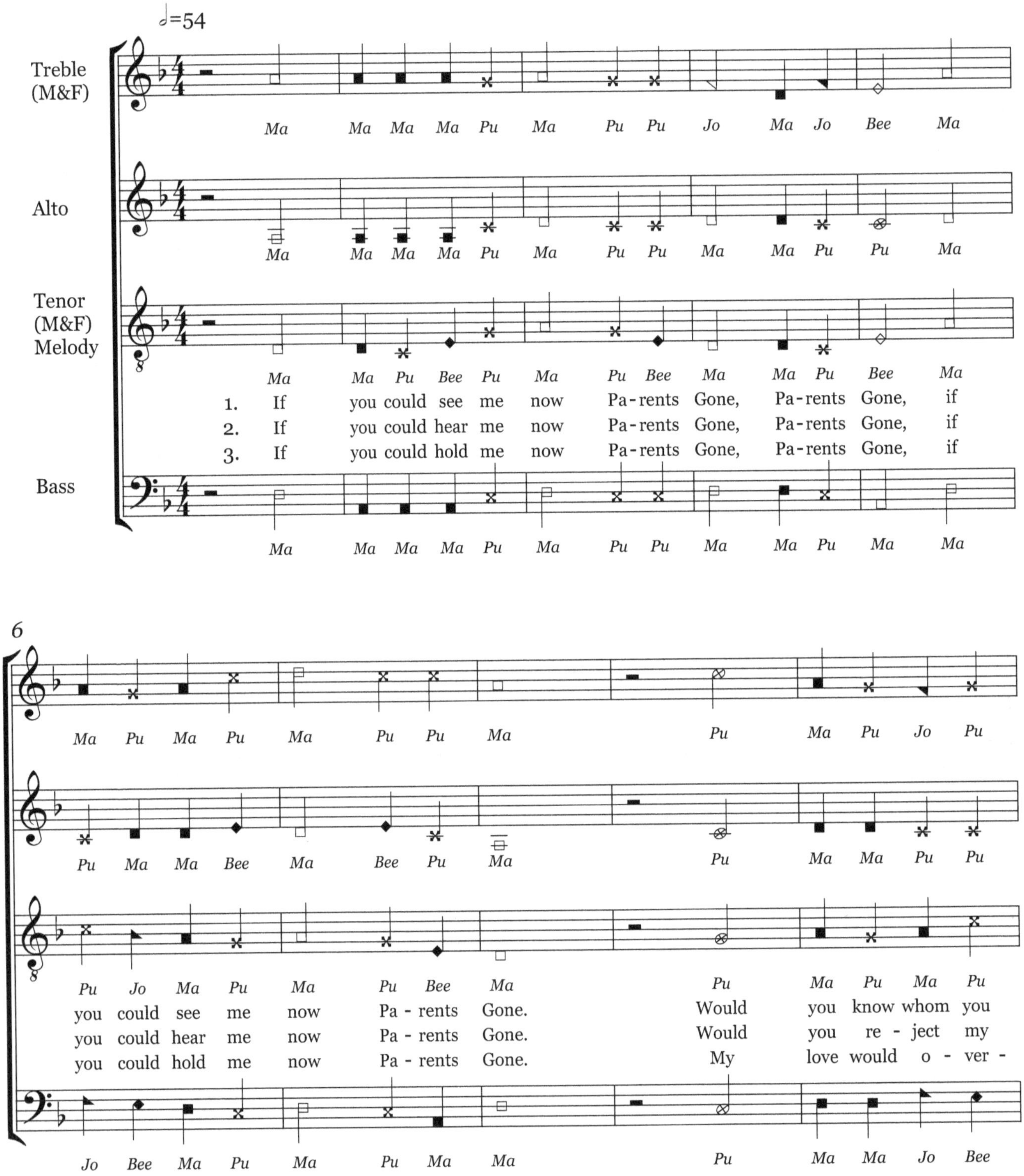

Lyrics (Tenor/Melody):

1. If you could see me now Pa-rents Gone, Pa-rents Gone, if you could see me now Pa-rents Gone. Would you know whom you
2. If you could hear me now Pa-rents Gone, Pa-rents Gone, if you could hear me now Pa-rents Gone. Would you re-ject my
3. If you could hold me now Pa-rents Gone, Pa-rents Gone, if you could hold me now Pa-rents Gone. My love would o-ver-

11

Ma Ma Jo Ma Jo Ma Ma Ma Ma Ma Ma Pu Ma Pu Pu

Ma Ma Pu Ma Pu Ma Ma Ma Ma Ma Pu Bee Ma Pu Pu

Ma Ma Pu Ma Ma Pu Bee Ma Ma Ma Pu Be Pu Ma Pu Bee

see? Would you be proud of me? If you could see me now Pa - rents
song? Or would you sing_ a - long? If you could hear me now Pa - rents
flow, I ne - ver would let go. If you could hold me now Pa - rents

Ma Ma Jo Ma Pu Ma Ma Ma Ma Ma Ma Pu Ma Pu Pu

16

Jo Ma Jo Bee Ma Ma Pu Ma Pu Ma Pu Pu Ma

Ma Ma Pu Pu Ma Pu Ma Ma Bee Ma Pu Pu Ma

Ma Ma Pu Bee Ma Pu Jo Ma Pu Ma Pu Bee Ma

Gone, Pa - rents Gone, if you could see me now, Pa - rents Gone.
Gone, Pa - rents Gone, if you could hear me now, Pa - rents Gone.
Gone, Pa - rents Gone, if you could hold me now, Pa - rents Gone.

Ma Ma Pu Ma Ma Jo Bee Ma Pu Ma Pu Ma Ma

D minor: Ma Bee Jo Pu Ma Jo Pu Ma

23. Reducing Pain and Suffering

(Jo Puma song based on Sacred Harp song #178 "Africa" - originally in Eb-Major)

Words: Secretary Michael

Music: Williams Billings, 1770

♩=112

Treble (M&F)

Pu Pu Ma Bee Ma Pu Pu
1. Re - du - cing pain and suf - fer -
2. We on - ly shop where wor - kers
3. We meet and talk with e - v'ry -
4. We love our neigh - bors as our -

Alto

Jo Jo Ma Jo Pu Jo Jo Pu Jo

Tenor (M&F) Melody

Jo Ma Jo Pu Jo Bee Ma Pu Jo Ma Jo Ma
1. Re - du - cing pain____ and suf - fer -
2. We on - ly shop____ where wor - kers
3. We meet____ and talk with e - v'ry
4. We love____ our neigh - bors as____ our -

Bass

Jo Jo Ma Pu Ma Jo Bee Jo

5

Pu Bee Jo Bee Ma Pu Ma Jo Bee Bee Jo Bee Ma Pu
ing is some - thing we can do. The choi - ces
earn a fair____ and li - ving wage. We on - ly
one, the strong,____ the sick and frail, the trou - bled
selves, where - e - ver they may be. A - cross____ the

Pu Pu Jo Ma Pu Jo Jo Pu Pu Pu Pu Jo Pu

Pu Pu Ma Jo Pu Jo Pu Ma Pu Pu Ma Pu Jo Bee
ing is some - thing we____ can do. The choi - ces
earn a fair____ and li - ving wage. We on - ly
one, the strong,____ the sick____ and frail, the trou - bled
selves, where - e - ver they____ may be. A - cross____ the

Pu Pu Jo Pu Ma Jo Ma Pu Jo Pu Pu Jo Jo Pu

10

Jo   *Pu*   *Jo* *Pu* *Ma*   *Pu*   *Pu*   *Ma*

we   make   e - - v'ry   day   can
go   where   there's_____ a   mix   of
teens,   the   kings_____ and   queens   and
street,   a - cross_____ the   town,   or

Jo   *Jo*   *Jo* *Pu*   *Ma* *Jo* *Pu*   *Jo*

Jo *Bee* *Ma*   *Pu*   *Ma* *Pu* *Jo*   *Ma*   *Pu*   *Pu*

we_____ make   e - - v'ry   day   can
go_____ where   there's_____ a   mix   of
teens,_____ the   kings_____ and   queens   and
street,_____ a - cross_____ the   town,   or

Ma *Pu* *Jo* *Ma*   *Jo* *Ma* *Pu*   *Jo*   *Pu*   *Jo*

13

Ma   *Jo* *Pu*   *Pu* *Ma* *Ma*   *Pu*   *Pu*

make_____ this____ all   come   true.
co - - lor,____ sex   and   age.
those_____ who____ live   in   jail.
far_____ a____ cross   the   sea. *(Repeat Verse 1)*

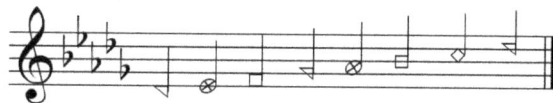

Jo   *Pu*   *Jo*   *Jo*   *Bee*   *Jo*

Ma *Jo* *Bee* *Ma* *Pu*   *Ma* *Jo* *Ma*   *Pu*   *Jo*

make_____ this____ all____ come_____ true.
co - - lor,____ sex____ and_____ age.
those_____ who____ live____ in_____ jail.
far_____ a - cross____ the_____ sea. *(Repeat Verse 1)*

Ma   *Bee*   *Jo*   *Jo*   *Pu*   *Jo*

D♭ Major: Jo Pu Ma Jo Pu Ma Bee Jo

24. Rise and Shine

(Jo Puma song based on Sacred Harp song #59 "Holy Manna" - originally in C-Major and 4/4 meter)

Words: Secretary Michael

Music: William Moore, 1825

Treble (M&F):
Jo Jo Ma Pu Pu Ma Pu Ma Jo Pu Ma Pu Jo Jo Ma Pu Pu Ma Jo Pu

1. Rise and_ Shine, a new day's daw- ning. Chance to__ make a bet-ter day.
2. Rise and_ Shine, the page is__ tur-ning, tur-ning_ in-to de-sti- ny.

Alto:
Ma Ma Jo Pu Pu Jo Pu Ma Pu Jo Ma Pu Pu Jo Ma Ma Jo Pu Ma

Tenor (M&F) Melody:
Pu Pu Ma Jo Jo Pu Pu Jo Ma Pu Jo Ma Pu Pu Ma Jo Jo Ma Pu Jo

1. Rise and_ Shine, a new day's daw- ning. Chance to__ make a bet-ter day.
2. Rise and_ Shine, the page is__ tur-ning, tur-ning_ in-to de-sti- ny.

Bass:
Jo Jo Ma Pu Pu Ma Pu Jo Pu Jo Jo Pu Ma Pu Ma Pu Jo

10

Treble:
Jo Jo Ma Pu Pu Ma Pu Ma Jo Pu Ma Pu Jo Jo Ma Pu Pu Ma Jo Pu

Rise and_ Shine, get up, stop_ yaw- ning. Chance to__ go a dif-frent way.
Rise and_ Shine, the book is__ clo- sing, clo-sing_ in-to hi-sto- ry.

Alto:
Ma Ma Jo Pu Pu Jo Pu Ma Pu Jo Ma Pu Pu Jo Ma Ma Jo Pu Ma

Tenor:
Pu Pu Ma Jo Jo Pu Pu Jo Ma Pu Jo Ma Pu Pu Ma Jo Jo Ma Pu Jo

Rise and_ Shine, get up, stop_ yaw- ning. Chance to__ go a dif-frent way.
Rise and_ Shine, the book is__ clo- sing, clo-sing_ in-to hi-sto- ry.

Bass:
Jo Jo Ma Pu Pu Ma Pu Jo Pu Jo Jo Pu Ma Pu Ma Pu Jo

19

One more chance to join the___ tus - sle. One more chance be - fore the___ night.
No more time for nur - sing___ sor - row. No more time to wish and___ whine.

Jo Ma Ma Ma Pu Pu Ma Pu Jo Jo Ma Ma Ma Pu Pu Ma Pu

Ma Pu Pu Pu Pu Ma Jo Pu Jo Ma Pu Pu Pu Ma Ma Jo Pu

Ma Pu Pu Pu Ma Ma Jo Pu Jo Ma Pu Pu Pu Ma Ma Jo Pu

One more chance to join the___ tus - sle. One more chance be - fore the___ night.
No more time for nur - sing___ sor - row. No more time to wish and___ whine.

Pu Jo Jo Jo Ma Pu Ma Jo Jo Pu Jo Jo Jo Ma Pu Pu

27

Jo Jo Pu Ma Ma Jo Jo Ma Pu Ma Jo Jo Jo Pu Ma Ma Pu Ma Pu Ma Ma

Chance to___ lend my mind and___ mu - scle. Chance to___ fi - n'ly get things right. right.
Time is___ now and not to - mor - row. Time is___ now to Rise and___ Shine. Shine.

Ma Ma Jo Pu Pu Jo Jo Ma Ma Jo Pu Ma Ma Jo Pu Pu Jo Pu Ma Ma

Pu Pu Ma Jo Jo Pu Pu Jo Ma Pu Jo Ma Pu Pu Ma Jo Jo Ma Pu Jo Jo

Chance to___ lend my mind and___ mu - scle.. Chance to___ fi - n'ly get things right. right.
Time is___ now and not to - mor - row.. Time is___ now to Rise and Shine. Shine.

Jo Jo Ma Pu Pu Ma Pu Jo Pu Jo Jo Pu Ma Pu Ma Pu Jo Jo

A Major: Jo Pu Ma Jo Pu Ma Bee Jo

25. Shattered Dreams

(Jo Puma song based on Sacred Harp song #448 "Consecration" - originally in F#-minor)

Words: Secretary Michael

Music: William S. Turner, 1866

Lyrics (below staves):

Measures 11–15

Voice 1: Ma / Ma / Ma Pu Ma / Ma Pu Pu / Ma Ma / Ma
May I be___ o - pen___ to the pain and
though I___ let the___ sad - ness be, I

Voice 2: Ma / Ma / Ma Bee Jo / Ma / Bee Ma / Jo / Jo

Voice 3: Ma / Ma / Jo Pu Ma / Ma Pu Ma / Ma Pu / Pu
May I be___ o - pen___ to the pain and
though I___ let the___ sad - ness be, I

Voice 4: Jo/Ma / Jo / Jo Bee Ma / Ma Pu Ma / Ma Jo / Jo Bee

Measures 16–20

Voice 1: Ma / Pu Ma Ma / Pu / Ma / Ma Ma / Ma / Ma
may it___ wash me clean a - gain. And
know the___ sad - ness is not me.

Voice 2: Jo / Bee / Jo / Bee / Ma / Pu Ma / Ma / Ma

Voice 3: Ma / Pu / Ma / Ma Pu Ma / Bee Ma / Ma / Ma
may it wash me___ clean a - gain. And
know the sad - ness___ is not me.

Voice 4: Ma / Pu / Ma / Ma Pu Ma / Ma Ma / Jo/Ma / Ma

E minor: Ma Bee Jo Pu Ma Jo Pu Ma

26. So Count Me In

(Jo Puma song based on Sacred Harp song #155 "Northfield" - originally in Bb-Major)

Words: Secretary Michael

Music: Jeremiah Ingalls, 1800

Treble (M&F)

Jo Jo Ma Pu Pu Ma Jo Pu Pu Bee Jo Jo Pu Ma Jo Pu
1. Pain, it is felt by them and they in __ pla - ces far a - way.
2. Pain that is qui - et on the tongue is __ bet - ter heard when sung.

Alto

Pu Pu Jo Ma Pu Ma Pu Pu Pu Pu Pu Pu Jo Pu
1. Pain, it is felt by them and they in pla - ces far a - way.
2. Pain that is qui - et on the tongue is bet - ter heard when sung.

Tenor (M&F) Melody

Jo Pu Jo Ma Pu Jo Ma Pu Pu Ma Ma Pu Jo Pu
1. Pain, it is felt by them and they in pla - ces far a - way.
2. Pain that is qui - et on the tongue is bet - ter heard when sung.

Bass

Jo Jo Pu Ma Jo Jo Jo Pu Pu Jo Jo Bee Ma Pu Pu
1. Pain, it is felt by them and they in pla - ces far a - way. So
2. Pain that is qui - et on the tongue is bet - ter heard when sung. So

6

(Treble)

Ma Jo Pu Pu Pu Ma Jo Jo Pu
So count me in to ease, to ease the
So count me in to join in song, in

(Alto)

Pu Jo Pu Pu Pu Ma Ma Pu Ma Pu Jo Pu Pu
So count me in to lend my hand to __ ease the
So count me in to join in song __ to __ join in

(Tenor)

Jo Jo Pu Pu Pu Ma Jo Jo Jo Pu Bee Pu Ma Bee Jo Pu
So count me in to lend my hand, to lend my hand to __ ease the
So count me in to join in song how - e - ver hard or __ long, in

(Bass)

Jo Ma Ma Ma Pu Pu Pu Pu Jo Jo Jo Jo Pu Pu Jo Pu
count me in to lend my hand to ease the pain of e - v'ry land, the
count me in to join in song how - e - ver hard how - e - ver long, in

11

Ma Pu Jo Pu   Jo   Pu   Ma   *Ma*
pain_____ of e - v'ry land.   So
song,_____ to join in song.   So

Pu   Ma   Ma Pu   Pu   *Pu Jo Pu Pu Pu*
pain of e - v'ry land.   So count me in to
song, to join in song.   So count me in to

Pu Jo Ma Ma Pu Jo Bee   Jo   *Jo   Jo Pu Pu Pu Ma Jo Jo Jo*
pain_____ of__ e - v'ry land.   So count me in to lend my hand, to
song_____ to join in song.   So count me in to join in song how

Jo   Ma   Jo Pu   Jo   Pu Jo Ma Ma Ma   Pu Pu Pu Pu Jo Jo Jo Jo
pain of e - v'ry land. So count me in to lend my hand to ease the pain of
song, to join in song. So count me in to join in song how - e - ver hard how

17

Jo Pu Pu   Pu   Ma Jo Jo Pu   Ma Pu Jo Pu   Jo   Pu   Ma
count me in to ease, to ease the pain_____ of e - v'ry land.
count me in to join in song, in song,_____ to join in song.

Ma Ma Pu Ma Pu Jo Pu   Pu Pu   Ma Ma Pu   Pu
lend my hand to___ ease the pain of e - v'ry land.
join in song_ to___ join in song, to join in song.

Pu Bee Pu   Ma Bee Jo   Pu Pu Jo Ma Ma Pu Jo   Bee   Jo
lend my hand to___ ease the pain_____ of__ e - v'ry land.
e - ver hard or___ long, in song,_____ to join in song.

Pu   Pu   Jo   Pu Jo   Ma Jo Pu   Jo
e - v'ry land, the pain of e - v'ry land.
e - ver long, in song, to join in song.

A Major: Jo Pu Ma Jo Pu Ma Bee Jo

27. Story of the Sea

(Jo Puma song based on Sacred Harp song #68 "Ortonville" - originally in Bb-Major)

Words: Secretary Michael

Music: Thomas Hastings, 1837

Treble (M&F)

Jo Ma Ma Pu Pu Ma Pu Jo Pu Jo Jo

1. I'm told I am a grain of sand, and this of
2. A sto - ry so mag - ni - fi - cent, of crush - ing
3. The sto - ry then looks back at me and says: "You

Alto

Ma Pu Pu Pu Pu Pu Jo Ma Ma Jo Jo

Tenor (M&F) Melody

Pu Jo Jo Pu Pu Ma Pu Jo Pu Ma Ma

1. I'm told I am a grain of sand, and this of
2. A sto - ry so mag - ni - fi - cent, of crush - ing
3. The sto - ry then looks back at me and says: "You

Bass

Pu Jo Jo Pu Pu Jo Pu Jo Jo Jo Jo

Pu Jo Jo Jo Ma Jo Pu Pu Ma Jo Pu Ma

course may be. But this small grain of sand, it knows the
depths be - low, of whales and plank - ton up a - bove, a
ain't so grand! Like bil - lions past and yet to come, you're

Ma Jo Ma Ma Pu Pu Pu Pu Pu Pu Pu Pu Jo

Jo Ma Pu Pu Jo Jo Pu Pu Ma Jo Pu Ma Pu

course may be. But this small grain of sand, it knows the___
depths be - low, of whales and plank - ton up a - bove, a___
ain't so grand! Like bil - lions past and yet to come, you're

Pu Ma Jo Pu Jo Jo Pu Pu Jo Jo Jo Pu

13

Jo   Ma   Pu   Pu   Pu   Jo   Pu   Jo   Pu   Pu   Ma
Sto - ry   of   the   Sea,   the   Sto - ry   of   the   Sea.
sto - ry   that   I   know,   a   sto - ry   that   I   know.
just   a   grain   of   sand!   You're   just   a   grain   of   sand!" *(repeat v.1)*

Ma   Ma   Pu   Pu   Ma   Ma   Pu   Pu   Pu   Jo   Ma

Jo   Jo   Pu   Pu   Jo   Jo   Ma   Ma   Pu   Pu   Jo
Sto - ry   of   the   Sea,   the   Sto - ry   of   the   Sea.
sto - ry   that   I   know,   a   sto - ry   that   I   know.
just   a   grain   of   sand!   You're   just   a   grain   of   sand!" *(repeat v.1)*

Jo   Jo   Pu   Pu   Jo   Jo   Jo   Jo   Pu   Pu   Jo

A Major: Jo   Pu   Ma   Jo   Pu   Ma   Bee   Jo

28. Strong Teachers

(Jo Puma song based on Sacred Harp song #300 "Calvary" - originally in A-minor)

Words: Secretary Michael

Music: Daniel Read, 1785

♩ = 72

Treble (M&F)

Ma Ma Ma Ma Ma Ma Bee Jo Bee Ma Jo
Strong tea-chers one by one you lift,_____ you

Alto

Ma Ma Ma Ma Ma Jo Pu Pu Pu Ma Ma
Strong tea-chers, tea - chers one by one you lift_____

Tenor (M&F) Melody

Ma Ma Ma Ma Bee Jo Bee Jo Pu Jo Bee Bee Ma
Strong tea-chers, strong_ tea-chers, one____ by one you lift_____

Bass

Ma Ma Ma Ma Pu Ma Ma Ma Ma Jo Pu Ma Ma Ma Ma
Strong tea-chers,strong tea-chers one by one_ you lift, you lift, you

---

6

Treble

Bee Jo Pu Ma Ma Ma Bee
lift us_ to the sun. As

Alto

Pu Pu Jo Ma Ma Ma Ma Pu Pu Pu Pu
_ us_ to the sun. As twig is bent so

Tenor

Ma Pu Jo Bee Ma Ma Ma Ma Ma Ma Jo Ma Pu Pu Pu Pu
_ us to the sun. As twig is bent so_ grow the tree, and

Bass

Ma Jo Ma Ma Ma Ma Ma Ma Ma Ma Jo Jo Jo Jo Pu Pu Pu Pu
lift us to the sun. As twig is bent so grows the tree, and we the fo - rests

Note: We did not observe (or notate) many of the phrase slurs contained in the original Sacred Harp song in order to more easily set new lyrics to the music.

G minor: Ma Bee Jo Pu Ma Jo Pu Ma

29. This Long, Long, Long Strange Trip

(Jo Puma song based on Sacred Harp song #163 "China" - originally in D-Major)

Words: Secretary Michael

Music: Timothy Swan, 1801

Treble (M&F):

Pu Pu Pu Ma Jo Pu Ma Pu Pu Jo

1. From when we start un - til____ we end, our
2. Our guides they all point dif - frent ways, but
3. We tra - ve - lers, we know____ we're lost, we

Alto:

Ma Pu Pu Ma Jo Ma Jo Pu Ma Ma

Tenor (M&F) Melody:

Ma Pu Pu Jo Jo Ma Ma Ma Ma Pu

1. From when we start un - til____ we end, our
2. Our guides they all point dif - frent ways, but
3. We tra - ve - lers, we know____ we're lost, we

Bass:

Jo Pu Pu Jo Jo Ma Pu Pu Jo Jo

(measure 6)

Bee Jo Pu Jo Bee Ma Pu Pu Pu Pu Ma Bee Jo Ma Jo

jour - neys____ rise and dip, while on____ and on and
no____ one____ has a grip. We roll____ our eyes while
laugh____ in fel - low - ship. While on____ and on and

Pu Pu Jo Pu Ma Pu Pu Ma Ma Ma

Pu Pu Ma Ma Bee Jo Pu Pu Ma Jo Ma Ma Ma Pu Jo

jour - neys____ rise and dip, while on_____ and____ on and____
no____ one____ has a grip. We roll_____ our eyes while____
laugh____ in fel - low ship. While on_____ and____ on and____

Pu Ma Pu Pu Pu Ma Jo Pu Pu Ma Ma Jo

Jo   Pu Ma Pu   Pu Ma Pu   Ma Pu Jo   Bee   Jo

on and___ on   this___ long,   long,___ long   strange   trip.

on and___ on   this___ long,   long,___ long   strange   trip.

on and___ on   this___ long,   long,___ long   strange   trip.

Pu   Pu Ma Pu   Pu   Pu   Pu Ma Jo   Pu   Ma

Ma Pu Jo Pu   Ma Pu Jo   Ma Jo Ma   Pu Ma Bee Jo

on and___ on   this___ long,   long,___ long   strange___ trip.

on and___ on   this___ long,   long,___ long   strange___ trip.

on and___ on   this___ long,   long,___ long   strange___ trip.

Jo   Bee Ma Pu   Pu Ma Jo   Jo   Jo   Pu   Jo

Verse 1:

From when we start until we end,
Our journeys rise and dip
While on and on and on and on
This long, long, long strange trip

Verse 2:

Our guides they all point diff'rent ways,
But no one has a grip
We roll our eyes while on and on
This long, long, long strange trip

Verse 3:

We travelers, we know we're lost
We laugh in fellowship
While on and on and on and on
This long, long, long strange trip

C Major: Jo Pu Ma Jo Pu Ma Bee Jo

30. Tick-Tock

(Jo Puma song based on Sacred Harp song #142 "Stratfield" - originally in F# minor)

Words: Secretary Michael

Music: Ezra Goff, 1786

Treble (M&F):
Ma — Ma Ma Pu Pu — Ma Pu Jo Pu Ma — Ma Ma Ma Ma Ma
1. Our tick-tock clock it ticks_____ a - way. It warns us not to
2. To ce - le - brate each hour_____ of time, our tick-tock clock it

Alto:
Ma — Jo Jo Jo Pu — Jo Bee Jo Bee Bee — Bee Jo Jo Bee Bee

Tenor (M&F) Melody:
Ma — Ma Ma Pu Ma — Jo Pu Ma Jo Ma — Pu Ma Ma Pu Pu
1. Our tick-tock clock it ticks_____ a - way. It warns us not to
2. To ce - le - brate each hour_____ of time, our tick-tock clock it

Bass:
Ma — Ma Ma Jo Bee — Jo Bee Ma Bee Ma — Ma Ma Ma Ma Ma

Treble:
Pu Jo Ma Ma Ma — Jo Ma Ma Ma Ma Jo Pu Pu Pu Pu
waste_____ the day. We won't tick - tock and_ waste the day, we
strikes_____ a chime.

Alto:
Jo Bee Ma Pu Ma — Jo Pu Ma Ma Pu Jo Ma — Bee Bee Bee Bee
We_ won't tick - tock and waste the day, we

Tenor:
Ma Pu Jo Bee Ma — Jo Ma Ma Ma Ma — Pu Ma Pu Pu Jo Ma — Ma Pu
waste_____ the day. We won't tick-tock and waste_____ the_ day. We_
strikes_____ a chime.

Bass:
Jo Pu Ma Ma Ma Ma — Jo Jo Jo Jo Ma — Ma Ma — Jo Pu Pu Pu Pu
We won't tick-tock-and waste the day. We won't tick-tock our

12
Ma Pu Jo Jo Pu Ma Ma Jo Ma Ma Jo Ma Ma Ma Ma Pu Pu
won't tick-tock our lives a-way. Tick-tock - tick - tock tick-tock - tick
Ma Ma Ma Ma Jo Jo Bee Jo Ma Ma Ma Jo Bee Bee Bee Ma Bee Bee
won't tick-tock our lives a-way. Tick-tock tick - tock - tick-tock - tick - tock tick-tock - tick
Jo Jo Pu Ma Ma Ma Ma Pu Jo
won't tick tock our lives a-way. Tick
Ma Ma Ma Ma Ma Ma Ma Ma Pu
lives a-way. Tick-tock tick tock tick
18
1. 2.
Ma Pu Ma Ma Ma Jo Pu Jo Ma Ma Ma Ma
tock. We won't tick - tock our lives a - way. way.
Jo Jo Jo Ma Bee Bee Jo Jo Jo Bee Ma Pu Ma Ma
tock-tick-tock the day. We won't tick - tock our lives a - way. way.
Ma Ma Ma Jo Pu Pu Pu Ma Ma Ma Pu Ma Pu Jo Bee Ma Ma
tock-tick-tock and waste the day. We won't tick - tock our lives a - way. way.
Ma Bee Jo Ma Ma Pu Ma Ma Bee Jo Pu Ma Ma Ma Ma Ma
tock the day. We won't tick - tock our lives a - way. We way.

E minor: Ma Bee Jo Pu Ma Jo Pu Ma

31. Tiger

(Jo Puma song based on Sacred Harp song #569 "Sacred Throne" - originally in Bb-Major)

Words: Secretary Michael

Music: Hugh Wilson, 1764-1824

1. I saw a great big ti-ger on a tree-top in the

2. I shou-ted up: "Sir, you could be a ve-ge-tar-i-

3. "I know that deep in-side there's good. I know it's not you're

4. I stared at him and soft-ly said: "I wish you would be

5. "A-po-lo-gize! A-po-lo-gize! And af-ter your a-

6. He turned a-round and walked a-way and said I was a

7. We are not bad, we are not good, we're on-ly you and

8. *(repeat verse 7)*

8

Pu   Ma   Jo   Pu   Ma   Jo   Jo   Ma   Pu   Pu   Ma   Ma Jo Pu   Pu   Ma

Bee   Bee   Pu   Pu   Pu   Pu   Ma   Jo   Bee   Pu   Ma Jo Pu Ma Jo   Bee   Pu

Pu   Pu   Ma   Pu   Jo   Ma   Jo   Ma   Pu   Ma   Pu Ma Jo Pu Ma   Pu   Jo

Pu   Pu   Jo   Pu Jo Ma   Jo   Jo   Jo   Pu   Jo   Jo Jo Ma Jo   Pu   Pu   Jo

woods. "A-ha!" I thought "now here's my chance to change a bad to good."

-an." He roared back down: "And you could be a hot dog on a bun."

fault." The ti-ger jumped down from the tree: "You might be good with salt."

sweet." He stared right back and then com-plained: "I wish you had more meat."

-mends, we'll try to start back up a-gain so we can both be friends."

nut. He left me all a-lone to some-how fi-gure what was what.

me. And in the end we must ac-cept each o-ther as we be.

G Major: Jo   Pu   Ma   Jo   Pu   Ma   Bee   Jo

32. Up or Down?

(Jo Puma song based on Sacred Harp song #112 "Last Words of Copernicus" - originally in F-Major)

Words: Secretary Michael

Music: Sarah Lancaster, 1869

♩=76

Treble (M&F):
Pu Pu Pu Ma Pu Ma Pu Pu Pu Jo Jo Bee Ma Pu Jo Pu Jo Pu Jo

Alto:
Ma Jo Ma Ma Pu Pu Jo Jo Jo Ma Ma Ma Jo Jo Jo Pu Jo Ma Ma

Tenor (M&F) Melody:
Jo Ma Pu Jo Bee Ma Pu Ma Ma Pu Pu Pu Ma Jo Jo Pu Ma Pu Pu

1. Con-gra-tu-la - tions on the win-ning card_____ that you have drawn. May
2. Con-gra-tu-la - tions on the big pro-mo - tion that you got. May
3. Con-gra-tu-la - tions on the gra-du-a - tion you have earned. May

Bass:
Jo Jo Jo Ma Bee Jo Jo Ma Ma Jo Jo Pu Ma Jo Jo Pu Ma Jo Jo

7

Treble:
Pu Pu Ma Pu Jo Bee Ma Pu Ma Pu Jo Pu Ma Jo

Alto:
Ma Ma Jo Ma Jo Pu Jo Ma Jo Jo Jo Pu Jo Ma Pu
But is it up or is it down or

Tenor:
Pu Pu Jo Pu Ma Bee Ma Pu Jo Ma Jo Pu Ma Jo
Jo
all your life you have such_ luck as you keep mo-ving on. Or
you main-tain your steam; may_ your ca-reer keep run-ning hot.
all your life you make good_ use of all the things you learned.

Bass:
Jo Jo Ma Pu Ma Pu Ma Jo Ma Jo Jo Pu Jo Jo
Jo Jo Ma Pu Jo Jo Jo Jo
But is it up or is it down or

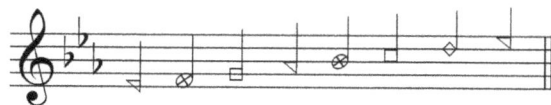

Ma Pu Pu Jo Jo Pu Pu Ma Ma Pu Ma Jo Jo
A frown can turn in - to a smile, a smile in - to a

Jo Jo Pu Pu Ma   Jo Jo Jo Ma Ma Ma Ma Jo Jo Ma Pu Ma Pu
is it round and round?   A frown can turn in - to a smile, a smile into a

Ma Ma Pu Pu Ma Pu Ma Jo Jo Ma Ma Pu Pu Pu
is it round and round and_round or is it up or down?

Ma Ma Pu Pu Jo   Jo Ma Jo Pu Pu Jo_____
is it round and round? Or is it up or down?_____

18

                                                    1.   2.

Pu Pu   Jo Jo Ma Pu Ma Pu Pu Pu Ma Ma Pu Pu Pu   Pu
frown. For some-times lo-sing takes us up and win-ning takes us down.   down.

Ma Ma   Jo Ma Jo Ma Jo Jo Ma Ma Jo Jo Pu Pu Ma Pu   Ma
frown. For some-times lo-sing takes us up and win-ning takes us down. So   down.

Pu Ma Pu Ma Jo Ma Ma Pu Pu Ma Jo Pu Ma Jo   Jo
For some-times lo-sing takes us up and win-ning takes us down.   down.

— Jo Ma Pu Ma Jo Ma Ma Jo Jo Ma Ma Pu Pu Jo Jo   Jo
— For some-times lo-sing takes us up and win-ning takes us down. So down.

Eb Major: Jo Pu Ma Jo Pu Ma Bee Jo

33. We Keep Our Equanimity

(Jo Puma song based on Sacred Harp song #192 "Schenectady" - originally in Eb-Major)

First Verse: ♩=100 / Second Verse: ♩=100

(The original Sacred Harp song did not change tempo.)

Music: Nehemiah Shumway, 1805
Words: Secretary Michael

34. We May Be Lost

(Jo Puma song based on Sacred Harp song #276 "Bridgewater" - originally in C-Major)

Words: Secretary Michael   Music: Lewis Edson, 1782

Treble (M&F)

Pu　Jo　Jo　Bee　Pu　　Jo　Pu　Ma_____　Jo　Pu　Ma

1. A jour-ney long, a jour-ney far,_____ and still we
2. We hur-ry up and go-go-go,_____ but where we're
3. We wan-der here, we wan-der there,_____ but do not

Alto

Ma　Ma　Ma　Pu　Pu　Ma　Pu　Pu_____　Pu　Pu　Ma

Tenor (M&F) Melody

Jo　Ma　Jo　Pu　Pu　Jo　Bee　Jo_____　Ma　Pu　Jo

1. A jour-ney long, a jour-ney far,_____ and still we
2. We hur-ry up and go-go-go,_____ but where we're
3. We wan-der here, we wan-der there,_____ but do not

Bass

Jo　Jo　Jo　Pu　Pu　Ma　Pu　Jo_____　Jo　Pu　Ma

5

Pu　Jo　Bee　Ma　Pu_____

don't know where we are._____
go - ing, we don't know._____
end - up a - ny - where._____

Ma　Pu　Pu　Pu　Pu_____

Jo　Ma　Pu　Jo　Ma　Pu_____　　　　Jo　Ma　Ma

don't know where we are._____　　We may be
go - ing, we don't know._____
end - up a - ny - where._____

Jo　Jo　Ma　Jo　Pu_____　Pu　Jo　Jo　Jo　Ma　Ma　Ma

We may be lost, but it's o -

Measure 10:

Staff 1 (solfège): Jo | Ma Ma Ma | Jo Pu Jo Bee Ma Pu | Pu
Staff 1 (lyrics): We | may be lost, | but it's___ o - kay, | for

Staff 2 (solfège): Ma | Pu Pu Pu Pu
Staff 2 (lyrics): We | may be lost, | but

Staff 3 (solfège): Ma Ma | Jo Jo Jo | Ma Pu Pu Pu | Ma
Staff 3 (lyrics): lost, but | it's o - kay. | We may be lost, | but

Staff 4 (solfège): Ma Ma | Jo Jo Jo | Jo Pu Pu Pu | Ma
Staff 4 (lyrics): kay. We | may be lost, | but it's o - kay, | for

Measure 14:

Staff 1 (solfège): Jo Pu Ma Jo Pu | Jo Bee Pu | Jo Bee | Jo [1.] | [2.]
Staff 1 (lyrics): some - day we_____ | will find | our way. | way.

Staff 2 (solfège): Ma Ma Ma Jo | Pu Pu Pu Ma Ma | Pu | Pu | Pu
Staff 2 (lyrics): it's o - kay, for | some-day we will | find | our way. | way.

Staff 3 (solfège): Jo Jo Jo Ma | Pu Pu Pu Jo | Jo Ma Pu | Jo | Jo
Staff 3 (lyrics): it's o - kay for | some-day we will | find___ our | way. | way.

Staff 4 (solfège): Jo | Jo Pu | Jo Jo Pu | Jo Pu | Jo
Staff 4 (lyrics): some - day we | will find | our way. We | way.

A Major: Jo Pu Ma Jo Pu Ma Bee Jo

35. We Talk and Listen

(Jo Puma song based on Sacred Harp song #40 "Lenox" - originally in Bb-Major)

Words: Secretary Michael

Music: Lewis Edson, 1782

Treble (M&F)
Jo — Ma Ma Jo Jo Bee — Pu — Jo Bee Ma Bee Jo
1. To - ge - ther for so long, but sel - dom do we fight.
2. With fa - mi - ly and friends, or stran - gers met to - day,

Alto
Ma — Pu Pu Pu Jo Pu — Pu — Ma Pu Ma Pu Pu

Tenor (M&F) Melody
Jo — Jo Jo Pu Ma Pu — Pu — Jo Pu Ma Pu Jo
1. To - ge - ther for so long, but sel - dom do we fight.
2. With fa - mi - ly and friends, or stran - gers met to - day,

Bass
Jo — Jo Jo Ma Jo Pu — Pu — Ma Pu Jo Pu Jo

6

Pu — Jo Bee Jo Ma Pu — Pu — Jo Jo Jo Pu Ma
The o - thers want to know what we are do - ing right.
At home or work or school, things al - ways go o - kay.

Ma — Pu Pu Pu Ma Pu — Pu — Ma Pu Ma Pu Pu

Jo — Ma Pu Ma Jo Pu — Pu — Ma Jo Pu Bee Jo
The o - thers want to know what we are do - ing right.
At home or work or school, things al - ways go o - kay.

Jo — Ma Pu Ma Jo Pu — Pu — Jo Ma Jo Pu Jo — Jo
We

Measure 11:

Soprano (solfège): Jo Ma Ma Ma Jo Bee Pu Pu Jo
Soprano (text): We talk and li - sten day and night, and

Alto (solfège): Ma Pu Pu Pu Ma
Alto (text): We talk and li - sten

Tenor (solfège): Pu Jo Jo Jo Pu Ma Ma Ma Jo Pu Pu Pu Ma
Tenor (text): We talk and li - sten, talk and li - sten, talk and li - sten

Bass (solfège): Pu Pu Pu Jo Ma Ma Ma Pu Jo Jo Jo Ma Pu Pu Pu Jo
Bass (text): talk and li - sten, talk and li - sten, talk and li - sten day and night. And

Measure 15:

Soprano (solfège): Ma Ma Jo Jo Bee Bee Jo Jo
Soprano (text): that is how we keep things right. right.

Alto (solfège): Pu Pu Pu Ma Ma Ma Ma Ma Pu Pu Ma Ma
Alto (text): day and night, and that is how we keep things right. right.

Tenor (solfège): Jo Jo Jo Pu Ma Ma Ma Jo Pu Bee Jo Jo
Tenor (text): day and night, and that is how we keep things right. right.

Bass (solfège): Jo Jo Jo Jo Pu Pu Jo Jo Jo
Bass (text): that is how we keep things right. We right.

Ab Major: Jo Pu Ma Jo Pu Ma Bee Jo

36. Work of Art

(Jo Puma song based on Sacred Harp song #99 "Gospel Trumpet" - originally in A-Major)

Words: Secretary Michael

Music Arr: E.J. King, 1844

♩=88

Treble (M&F)

Jo   Ma Pu Jo Ma   Pu   Ma Jo   Jo   Pu   Pu   Ma   Ma   Ma Ma

1. Mo - net,_____ Ma - tisse,_____ Mi - ro and me. Paint - ing the
2. There's Bach,_____ Cho - pin,_____ Mo - zart and me. Fil - ling the

Alto

Pu   Pu   Pu Pu Jo Pu Pu Jo   Pu   Pu   Jo   Jo   Jo

1. Mo - net, Ma - tisse,_____ Mi - ro and me. Paint - ing the
2. There's Bach, Cho - pin,_____ Mo - zart and me. Fil - ling the

Tenor (M&F) Melody

Pu   Jo   Pu Ma Jo   Pu   Ma Jo Jo   Ma   Pu   Jo   Pu Pu Pu

1. Mo - net,_____ Ma - tisse_____ Mi - ro and me. Paint - ing the
2. There's Bach,_____ Cho - pin,_____ Mo - zart and me. Fil - ling the

Bass

Jo   Jo   Jo Pu Ma Bee Bee Jo   Pu   Jo   Jo   Jo   Jo

1. Mo - net, Ma - tisse_____ Mi - ro and me. Paint - ing the
2. There's Bach, Cho - pin,_____ Mo - zart and me. Fil - ling the

---

7

Jo Ma Pu Ma   Pu   Ma   Pu   Ma

world_____ with beau - ty.   I'll
world_____ with har - mo - ny.   I'll

Ma   Pu Pu Bee Ma   Pu   Pu

world_____ with beau - ty.   I'll
world_____ with har - mo - ny.   I'll

Jo   Ma Pu Jo Bee Jo   Pu   Ma Jo   Pu Pu Pu   Jo Ma Jo   Jo   Jo   Ma Pu

world_____ with beau - ty.   I'll__ live my life a___ work of art, I'll__
world_____ with har - mo - ny.   I'll__ live my life a___ work of art, I'll__

Jo   Ma Pu Jo   Pu   Ma   Pu   Pu   Jo Jo Jo Ma   Pu Pu Pu Ma   Jo Jo Jo Pu

world_____ with beau - ty.   I'll live my life a   work of art, I'll paint with brain and
world_____ with har - mo - ny.   I'll live my life a   work of art, I'll sing with brain and

13

Ma Ma Pu Pu Pu Pu Ma Pu   *Ma*   *Pu Pu Pu Ma*
paint with brain and paint with___ heart._____ The world's my can - vas
sing with brain and sing with___ heart._____ The world's my choi - r

Jo Jo Jo Pu Ma Bee Bee Jo Bee_____ Pu Jo Jo Jo Jo
paint with brain_ and paint with___ heart._____ The world's my can - vas
sing with brain_ and sing with___ heart._____ The world's my choi - r

Ma Ma Ma Jo Pu Pu Pu Ma Pu_____ Jo Ma Ma Ma Pu Jo
paint with brain_ and paint with___ heart._____ The world's my can - vas,___
sing with brain_ and sing with___ heart._____ The world's my choi - r_____

Ma Ma Pu_____ Ma Jo Jo Jo Pu
paint with heart._____ The world's my can - vas
sing with heart._____ The world's my choi - r

17

1.   2.

Jo Jo Jo Ma Jo Pu Pu Ma Ma
as I start my___ work of art. art.
as I start my___ work of art. art.

Ma Ma Ma Jo Pu Jo Pu Ma Ma
as I start my___ work of art. art.
as I start my___ work of art. art.

Jo Jo Jo Pu Jo Ma Pu Jo Jo
as I start my___ work of art. art.
as I start my___ work of art. art.

Jo Jo Jo Ma Jo Pu Jo Pu Jo
as I start my work of art. I'll art.
as I start my work of art. I'll art.

G Major: Jo Pu Ma Jo Pu Ma Bee Jo

Recent Works by Secretary Michael

Jo Puma - Wild Choir Music

Collection of 36 traditional "Sacred Harp" arrangements with new secular lyrics for our diverse society. This collection has removed the 3 barriers that have kept this music out of our schools: inappropriate lyrics, poor shape-note legibility, and nonstandard use of standard solfege names. Now we all have a chance to experience this exciting early American music. (Book available; free download not yet available)

Secular Hymnal

Collection of 144 favorite hymn tunes from around the world. The hymn tunes have been re-notated and given thoughtful egalitarian lyrics that promote peace. Many public schools use them for choral sight-reading practice. Available in both unison/guitar and SATB choir editions. Now we all have a chance to share in these musical treasures. (Books available; free downloads available;)

Twimfina

A peace-themed musical play for singing groups of all ages. The story is about a young woman named "Twimfina" (an acronym for "The World Is My Family, I'm Not Afraid") who runs off to a hostile country. It is scored for voice and piano. The play is divided into 21 segments, many of which can stand alone. This allows an acting group to perform individual segments instead of the entire 2.5 hour play. (Book available; free download available;)

Lifesongs

A "lifesong" is a 4-movement choral work (with or without instruments) in which a rational argument is battled-out musically. There's only one rule: every lifesong must use the following four titles for its four movements: "Credo" - "One Hand" - "Other Hand" - "Go and Do"
Secretary Michael has begun working on a series of 12 lifesongs, some of which are available now; the rest will become available as they are completed in future years.

Aren't We the Lucky Ones

A book-length story about a group of college science students who share an understanding that people don't truly have a free will. There are no "good people" or "bad people", just lucky and unlucky ones. This insight carries with it the responsibility to protect the "unlucky" from the wrath of the "lucky" . The students form a community in order to live out their ideals. (Book available - both paperback and digital).

Joy of Countermelody

Dozens of fun, short choral works in which more than one melody is sung at the same time. Book (and free internet download) will become available after it is completed.

"Artists can change the world by shining light on the misconceptions that divide people. Artists can also do the opposite. We're all artists. We all must choose."
-Secretary Michael

www.ingramcontent.com/pod-product-compliance
Lightning Source LLC
Chambersburg PA
CBHW081643040426
42449CB00015B/3433